〈二訂版〉

金融マン必携！
相続税
実践アドバイス

監修：徳田孝司
編著：木村信夫

TOHOSHOBO

〈第1章〉相続税・贈与税の基礎知識

（1）相続税の基礎知識

〈第2章〉相続・事業承継対策

〈第3章〉民法と税の接点

〈第4章〉 書式・シート集

　私どもの税理士法人では、顧問先のお客様から相続やその対策、相続発生後の手続きなどの相談を受けたり、新規のご相談者様の個別相談をさせていただいております。金融機関に携わる「金融マン」の皆さんもお客様から相続に関する相談を受けていらっしゃることでしょう。本書は相続についての知識を持ち合わせていないお客様に相続の流れ、対策をわかりやすくイメージしてもらうために、その助力になることがコンセプトです。

　「第一章　相続税・贈与税の基礎知識」、「第二章　相続・事業承継対策」、「第三章　民法と税法の接点」、「第四章　書式・シート集」の四つの章からなっており、相談の内容に対応した税法や実務上のポイントを探しやすくしました。

　相続にまつわることでも、インターネットで調べれば様々な情報をお客様自身が手に入れられる時代です。しかし、お客様一人ひとりのご事情に合わせたアドバイス・サポートができればお客様の満足度も上がり、仕事の幅も拡がります。日々お客様とコミュニケーションをとっている「金融マン」の皆さんならそれが可能ではないかと思っております。

　素人が読んでも玄人が読んでも分かりやすい相続の本を書きたいと思い、出版しましたがその判断を含めて本書を読んで頂き、是非、忌憚のないご感想を頂けたらありがたいと思います。

　初版から10余年立ちましたが、この2訂版でも金融機関に携わる人にとりまして少しでもお役に立つことができましたら幸いです。

2023年12月吉日

辻・本郷 税理士法人　理事長　徳田 孝司

はじめに

　本書の初版を執筆したのは2011年でした。その前から金融機関や弊社主催の相続セミナーや個別相談を担当しています。そのなかで相続のこんなこと、あんなことを知っていれば金融機関に携わる方々のビジネスに役に立つのに…と感じたのが執筆のきっかけでした。

　相続税の基礎知識のなかの「相続のスケジュール」（第一章）を知っていますと、相続税の申告期限が10ヶ月だから納税のための預金が必要なので早めに遺産分割しなければいけないと、お客様にアドバイスできます。

　また、生命保険の非課税枠とは課税されない現金があるということですが、生命保険の特徴の一つである「あげたい人にお金が届く」という願いが果たせます。

　さらに、オーナーの自社株対策として従業員持株会（第二章）を設立しますと一瞬にして相続税を下げる事も可能となります。

　その他に、高齢者の預金管理が難しくなってきている時代に、成年後見制度（第三章）を利用しますとその預金管理等がスムーズにいきます。

　それ以外にも書式・シート集（第四章）を盛り込み、実践的に活用できる内容だと思っております。

　民法・税制が改正されていく中で現状に合った2訂版を出版する運びになり、今回も平易な文書を心がけました。もしご不明な点などがございましたら些細なことでもかまいませんので、奥付の電話番号にご質問ください。

　また、とりまとめは弊社相続センターの皆さんにお願いしました。この場を借りて御礼を申し上げます。

　最後に、この二訂版につきましては特に山口拓也さん、新井尚子さん、千葉優大さんにお世話になりました。この場を借りて御礼を申し上げます。

2023年12月吉日

辻・本郷 税理士法人　副理事長　木村 信夫

〈第1章〉

相続税・贈与税の基礎知識

1 相続税の基礎知識

2 贈与税の基礎知識

3 事業承継の基礎知識

4 海外関係

5 その他

Q. 相続が発生したら どのような流れで申告・納税まで 進んでいくのでしょうか。

A.
財産・債務の把握とこれの承認または放棄をし、被相続人の所得税の申告を行い、さらに遺産の分割を経て、相続税の申告・納税を行います。

相続発生後に必要な手続きを、図を用いて説明します。

被相続人の死亡
（相続発生）

① 死亡届を7日以内に死亡診断書または死体検案書を添付して、区役所等へ提出します。

② 社会保険（国民健康保険、後期高齢者医療保険、厚生年金、国民年金）の手続きが必要となります。

③ 遺言書があれば家庭裁判所で検認を受け、その後開封します（公正証書遺言、保管所に保管された自筆証書遺言は不要）。

通夜・葬儀

④ 死因贈与契約書の有無を確認します。

⑤ 相続人の確認をします（被相続人と相続人の本籍地から戸籍謄本をとります）。相続人に未成年者がいる場合には、家庭裁判所に特別代理人の申請をします。

四十九日法要

⑥ 財産と債務の概要を把握し、相続するか、限定承認するか、または放棄するかを決めます。

* 相続が発生したからといって必ず相続しなければならないものではありません。債務額が財産額を上回っているような場合には、相続の放棄又は限定承認の旨を家庭裁判所に申述をすることもできます。なお、相続開始後3ヶ月以内に放棄又は限定承認をしない場合は単純承認となります。

相続放棄、限定承認 （相続開始から3ヶ月以内）

⑦ 被相続人に確定申告義務がある場合には、相続人が被相続人の死亡の年の1月1日から死亡日までの確定申告をします。これを準確定申告といいます。なお、1月1日から3月15日の間に亡くなった場合の前年の確定申告書も準確定申告書と同様、申告書の提出期限は共に、亡くなった日から4ヶ月以内となっています。

所得税、消費税の 準確定申告と納付 （相続開始後4ヶ月以内）

⑧ 相続人の青色申告承認申請書の提出をします。期限は、死亡日が1月1日から8月31日の場合は死亡日から4ヶ月以内、9月1日から10月31日の場合は、12月31日、11月1日から12月31日の場合は、翌年の2月15日となっています。

⑨ 相続人の消費税の届出書を提出します（原則として死亡の年内）。

財産・債務を決定し、 評価額を決定する。

⑩ 遺言が相続人の遺留分を侵害しているときは、遺留分の侵害額請求ができます（相続開始後1年以内）。

⑪ 遺言書のとおりに相続する場合は、財産の名義変更手続きに移ります。

⑫ 納税資金計画の検討をします。具体的には、物納、延納、土地売却による納税が必要かどうかを検討します。

⑬ 農家の場合は、農業を承継する相続人を検討します。

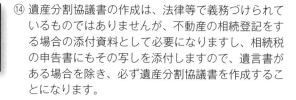

相続の計算
申告書の作成
遺産分割協議書の作成

⑭ 遺産分割協議書の作成は、法律等で義務づけられているものではありませんが、不動産の相続登記をする場合の添付資料として必要になりますし、相続税の申告書にもその写しを添付しますので、遺言書がある場合を除き、必ず遺産分割協議書を作成することになります。

納税資金の準備

⑮ 遺産分割が終わらないときは、法定相続分で相続したものとして申告します（ただし、未分割の場合、原則として配偶者の税額軽減や小規模宅地等の特例、農地の納税猶予の特例は受けられません）。

＊ 未分割の場合、当初の相続税の申告書に「申告期限後3年以内の分割見込書」を添付して提出しておき、相続税の申告期限から3年以内に分割された場合には、特例の適用を受けることができます。この場合、分割が行われた日の翌日から4ヶ月以内に「更正の請求」を行うことができます。

相続税の申告と納付
（相続開始後10ヶ月以内）

⑯ 納税資金の準備、延納、物納、土地売却等の確定をします。

⑰ 被相続人の死亡時の住所地を所轄する税務署に申告、納税をします。

⑱ 延納や物納の申請をする場合は申告と同時に行います。

遺産の名義変更手続き

⑲ 不動産の相続登記や預貯金、有価証券等の名義書換を行います。

Q. 被相続人田中一郎さんの相続人等の状況は以下の通りです。

相続人	住所等	取得財産
長男	東京に在住	日本の財産 アメリカの不動産
次男	ニューヨークに居住 アメリカ国籍取得(日本国籍なし)	日本の財産 イタリアの不動産
三男	イギリスに居住、日本国籍あり	日本の財産 イギリスの不動産

この3人の相続税の納税義務はどうなりますか?

A. 　相続人の住所と国籍が日本にあるか、海外にあるか、また、相続により取得した財産が日本国内にあるか海外にあるかで変わってきます。

1 納税義務者の種類

　居住無制限納税義務者、非居住無制限納税義務者、制限納税義務者（特定納税義務者を除く）の3種類があります。どの納税義務者のタイプとなるかは、相続人の<u>住所</u>、<u>国籍</u>、相続した財産が国内にあるか（国内財産）国外にあるか（国外財産）によります。具体例で見てみましょう。

(1) 長男（一時居住者を除く）

　在留資格の一時居住者を除き、財産を取得した時に住所が日本にあれば、財産が日本国内にあろうが国外にあろうが、どの財産を取得しようと、<u>居住無制限納税義務者</u>として相続税の納税義務が生じます。国籍は関係ありません。

　在留資格の一時居住者である場合は、被相続人が在留資格の居住者又は非居住者ではない時に、同様に全世界の財産に課税されます。

*一定の在留資格がある相続人は<u>居住制限納税義務者</u>に該当し、日本の財産の相続税申告の対象となります。

(2) 次男

　日本国籍がなく日本に住所のない個人は、被相続人が在留資格の居住者又は非居住者ではない時に、全世界の財産に課税されます。

　被相続人が在留資格の居住者又は非居住者であるときには、日本国内にある財産にのみ課税されます。

(3) 三男

　日本国籍があって日本に住所のない個人は、相続開始前10年以内に日本に住所があった場合には、全世界の財産に課税されま

す。

　相続開始前10年以内に日本に住所が無かった場合には、被相続人が在留資格の居住者又は非居住者ではない時に全世界の財産に課税されます。被相続人が在留資格の居住者又は非居住者である時には、日本国内にある財産にのみ課税されます。

2 国内財産と国外財産

　財産が国内にあるか国外にあるかは相続開始時にその財産がどこにあるかで判定しますが、下記のものは注意が必要です。

(1) 銀行の預金は預け入れている銀行の<u>支店の場所</u>が国内にあるか国外にあるかによって判定します。例えば、国内にあるスイス銀行の預金は国内財産になります。

(2) 株式はその<u>株式を発行している法人の本社</u>が国内にあるか国外にあるかによって判定します。例えば、日本の証券会社に預けてある外国株式などは国外財産となります。

3 納税義務者のタイプが変わるとどうなるか

　居住無制限納税義務者の場合は相続税法上の全ての有利規定が受けられますが、非居住無制限納税義務者・制限納税義務者の場合は次の規定の適用が受けられなくなります。

(1) 非居住無制限納税義務者
　　・障害者控除の適用がありません。

(2) 制限納税義務者
　　・未成年者控除・障害者控除の適用がありません。
　　・債務控除(Q12参照)できる債務に一定の制限が加わるとともに、葬式費用は控除できません。

Q. 相続が起きたら、誰がいくら財産をもらえますか?

第1章 相続税・贈与税の基礎知識 ① 相続税の基礎知識

A. もし遺言などが無ければ、民法によって定められた相続人(法定相続人)へ定められた相続する割合(相続分)により分けられます。

1 法定相続人の範囲

相続人になれる人の範囲は民法で定められており、これを法定相続人といいます。法定相続人は、(1)被相続人の配偶者(配偶者相続人)と(2)被相続人の血族関係者で一定のもの(血族相続人)に限られています。

(1)配偶者相続人

正式な婚姻関係にある配偶者は常に相続人になります。どんなに長く連れ添っていても内縁の妻は相続人にはなれません。

(2)血族相続人

相続人になれる血族関係者とその順位は次のように定められています。

　・第一順位：被相続人の子供などの直系卑属

　　　　　　　養子も第一順位の法定相続人となります。

　　　　　　　配偶者の連れ子は法定相続人にはなれません。

　・第二順位：被相続人の父母・祖父母などの直系尊属

・第三順位：被相続人の兄弟姉妹

　まず、第一順位の血族関係者から優先的に相続人となり、第一順位がいない場合に、第二順位、第二順位がいなければ第三順位が相続人となります。そして第一順位から第三順位までの相続人がいない場合には配偶者が単独で相続することになります。

2 法定相続分

　遺産の取り分のことを相続分といいます。相続分は遺言により指定することができます（＝指定相続分）が、遺言がなかった場合には民法で定める相続分によることになります。これを法定相続分といい、その割合は次のとおりです。
　・第一順位：配偶者 1/2、直系卑属 1/2
　・第二順位：配偶者 2/3、直系尊属 1/3
　・第三順位：配偶者 3/4、兄弟姉妹 1/4

★ （例）第一順位の相続人の場合

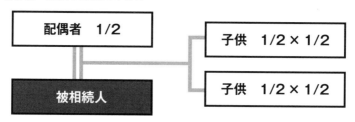

　同順位の血族相続人が複数いる場合の各人の相続分は原則として均等となります。
　たとえば、相続人が配偶者と子供が2人のときは、配偶者の相続分は1/2、子供の相続分はそれぞれ1/2×1/2=1/4となります。

⑲養子は実子と同じ相続分となります。また、愛人との間に生まれた子（非嫡出子）については、認知していれば正妻の子の1/2の相続分となります。認知されていなければ相続権はありません。

3 遺留分

　被相続人は原則として遺言によってその相続財産を自由に処分することができます。しかし、愛人にすべての財産を遺贈など、妻子の生活をおびやかしたり、相続人間の公平をまったく無視することは認められません。そこで民法では、兄弟姉妹以外の法定相続人（配偶者・子・直系尊属）に相続財産の一定割合を留保することとしており、これを遺留分といいます。遺留分の割合は以下の通りです。

①　相続人が父母・祖父母のみの場合：相続財産の1/3
②　①以外の場合　　　　　　　　　：相続財産の1/2

　遺留分権者が複数いるときは、上記の全体としての遺留分の割合に個々の相続人の法定相続分を乗じたものがその相続人の遺留分になります。
　遺留分権者は、自分の遺留分をこえる遺言があったとしても「遺留分侵害額請求」をすることにより、遺留分部分までの財産を相続することができます。

Q. 遺言があった場合、相続人や相続分はどうなりますか?

A. 遺言に従った相続人及び相続分となります。

1 遺言による相続・遺贈

遺言があった場合には、遺言に従った財産処分が行われます。民法では、遺言により、自分の財産を自分の死後も自由に処分できるように以下の制度を定めています。

①遺贈

遺言により相続人以外の第三者に遺産を与える方法です。
遺贈には、包括遺贈(遺産の一定割合を与えるもの)と特定遺贈(遺産のうち特定の財産を与えるもの)があります。

②相続人に対する相続分の指定

被相続人が遺言で共同相続人の全部、または一部の相続分を定め、または定めることを第三者に委託する方法です。

③遺産分割方法の指定

被相続人が遺言で遺産の分割方法を定め、または定めることを第三者に委託する方法です。

死後の財産処分の方法としては、他に死因贈与があります。こ

れは贈与者の死亡により効力を生ずる贈与で、両者の合意により成立する契約行為です。

　遺言は相手方のない単独行為であるため取消すことも自由ですが、死因贈与は2者間の契約であるため勝手に取消すことはできません。

2 遺言書の種類

　遺言が効力を生ずるときには本人は死亡しているため、何が本人の意思であるかを明確にしておく必要があります。そのために遺言については法律で厳格な要件を定めており、これに反した場合には無効になってしまいます。

　民法では遺言書の作成方法として、次の3種類を定めています。

①自筆証言遺言

　自筆証書遺言を作成する場合、遺言者が遺言の全文、日付及び氏名を自書し、印を押さなければなりません。

　ただし例外的に自筆証書に相続財産の全部又は一部の目録を添付するときには、その目録については自書しなくても良いことになります。

　自書によらない財産目録を添付する場合には、その財産目録の各頁に署名押印をしなければなりません。

②公正証書遺言

　公正証書遺言は、遺言書を公証人に作成してもらい、かつ原本を公証人役場に保管してもらう形式の遺言です。作成には2人以上の証人が必要です。

　公正証書遺言は、法律の専門家である公証人が作成するため正確で証拠力もあり最も安全確実です。

③秘密証書遺言

上記2つの遺言の中間的なもので、遺言の存在は明確にしつつ、内容を秘密として偽造などを防止するものです。

本人が証書に内容を記載して署名・押印します。これを封印して公証人と証人2人以上に提出し、自分の遺言である旨および住所氏名を申述します。公証人がその日付と申述を封紙に記載した後、本人と証人と共に署名捺印して作成します。

3 家庭裁判所による検認

自筆証書遺言と秘密証書遺言の執行には、家庭裁判所の検認が必要です。公正証書遺言は検認の必要はありません。

但し、保管所に保管された自筆証書遺言は検認不要です。

検認は、証拠保全の手続きであり、実質的な遺言の効力に影響を及ぼすものではありません。したがって、検認を得た遺言であっても、その内容の真否について争うことは可能ですし、逆に検認を受けていないからといって遺言の効力がなくなるというものではありません。

Q. 相続税はどうやって計算するのでしょうか?

A. 　民法などに定められた相続税を計算する上での財産から、非課税の財産・債務・葬儀費用などを除き、これらを相続人が法定相続分により相続した場合における税率により計算されます。

1 相続税の計算のしくみ

　相続税は、被相続人の持っていた財産に対して課される税金です。したがって、相続税を計算する場合は、被相続人の遺産を合計して、それらが法定相続分どおり相続されたと仮定して、相続税の総額を出します。その税率は超過累進税率になっており、財産を多く持っている人ほど税率が高くなります。次に、相続税の総額を、相続人が実際に取得した財産の額に応じて按分し、各種税額控除を差し引いた金額が最終的なそれぞれの相続人の負担する相続税額となります。

2 具体的な計算の流れ

<ステップ1> 課税価格の合計額の計算

　相続税の課税対象となるのは、土地・建物・株式・その他預金などのほとんどの資産です。被相続人の死亡により受取る生命保険金や退職金も含まれます。

　そして、非課税財産や借入金などの債務、葬式費用を引いたり、3年以内に贈与された財産の金額を足したりして、課税価格の合計額を計算します。

<ステップ2> 相続税の総額の計算

　課税価格の合計額から基礎控除を引き、相続人が民法の規定による法定相続分どおりに相続したものと仮定して各人の税額計算を行い、それらを合計して相続税の総額を求めます。基礎控除は「3,000万円＋600万円×法定相続人の数」です。妻と子供2人の場合は、3,000万円＋600万円×3＝4,800万円となります。養子については、被相続人に実子がある場合には1人まで、実子がない場合には2人までが法定相続人の数に算入されます。

★ 相続税の計算の流れ

遺産総額

（一）非課税財産
（一）債務控除・葬式費用
（＋）生前贈与加算

課税価格の合計額

（一）基礎控除
法定相続分どおりに分けたものとして
相続税額を計算

相続税の総額

実際に取得した財産の額に応じて按分

各人の税額	各人の税額	各人の税額

（＋）相続税額の2割加算

（一）贈与税額控除

（一）配偶者の税額軽減

（一）未成年者控除

（一）障害者控除

（一）相次相続控除

（一）外国税額控除

納付税額	納付税額	納付税額

28

<ステップ3>　納付税額の計算

　ステップ2で計算した相続税の総額を、実際に各相続人が相続した財産の割合に応じて按分し、各人の算出税額を求めます。この算出税額をもとにして、各種の加算や控除を行い、各人が実際に支払う金額が決まります。

　主な加算・控除項目には次のものがあります。

①相続税の２割加算

　基本的には１親等の血族と配偶者以外は相続税額が２割増しになります。代襲により相続人となった孫は２親等の血族になりますが、２割加算の適用対象外となります。養子については原則として２割加算の対象外となりますが、平成15年度の改正により、養子縁組した孫について２割加算の適用が追加されました。婿養子・嫁養子については、今まで通り２割加算の対象外となります。

②配偶者に対する税額軽減

　配偶者が相続した財産が1億6,000万円までか、1億6000万円を超えていても配偶者の法定相続分までならば相続税はかかりません。 この適用を受けるには、相続税の申告が必要です。

　他に、贈与税額控除、未成年者控除、障害者控除、相次相続控除、外国税額控除があります。

Q. 私は遺産分割により5,000万円取得しました。その後、税務調査が入り、遺産総額が１億円増え、その１億円は兄が取得しました。しかし私の取り分には変化がないのに、私の相続税額まで増えてしまいました。恩恵があったのは兄だけなのに無関係な私まで税金を多く払うのは納得できません。なぜでしょうか？

A. 　わが国の相続税の課税方式が遺産課税方式と遺産取得課税方式の折衷方式であるためです。そのため例えば遺産分割後に新たに財産が見つかったような場合、それを取得しない者も税額が上がってしまう可能性があるといった問題点があります。

1 なぜ税額が変わったのか

　まず、現在の日本の相続税の計算方法を見てみましょう。

　前提条件：相続人は兄と弟、遺産総額は2億円、取り分は兄が1億5,000万円、弟が5,000万円としますと、弟の税額は1,150万円となります(図1-1参照)。

　ここで、Qのように遺産が1億円増えたとすると、例え弟が財産を取得していなくても、相続税の総額が上がり、税率が上がってしまう(相続税額早見表参照)ので、無関係の人の税額まで増えてしまうのです(図1-2参照)。

2 遺産課税方式とは

　遺産課税方式とは、被相続人の財産総額に対して相続税を課税するという方式です。課税されるのは財産を取得した相続人ではなく、財産を遺した被相続人になります。アメリカ合衆国ではこの方式で課税され、相続が発生した場合、先に財産から税金を徴収して、その残りを相続人の間で分配します(図2参照)。

(1) メリット

　この方式では、相続人間でどのように財産が分配されても、全体の相続税額は変化がありませんので、課税の公平が図れます。遺産総額が同じ10臆円のA家とB家なら、税額は全く同じになります。

(2) デメリット

　同じ取り分 (例:1,000万円) でも、被相続人の遺産総額が1億円のE家の相続人が1,000万円取得した時と遺産総額が10億円のJ家の相続人が1,000万円取得した時とでは、税額が変わってきます。同じ金額しかもらっていないのにJ家の相続人の税額が重くなってしまい、不公平になります。

3 遺産取得課税方式とは

　遺産取得課税方式とは、相続人が取得した財産の価額に対して課税する方式です。課税されるのは財産を取得した相続人です（図3参照）。

(1) メリット

　相続した財産の価額に比例して税負担が増えるため、課税の公平が図れます。

(2) デメリット

　遺産分割のやり方次第（相続人が1人で全額取得した場合と、10人が均等に分けた場合）で相続税の総額が変動するため、同じ10億円の遺産総額があるA家とB家間でも被相続人ベースでみると、税負担が不公平になる可能性があります。

4 2と3の折衷方式を採用している理由

　日本では、相続税の総額を計算するときは2の遺産課税方式の考え方により、また各人に相続税額を配分するときは3の遺産取得課税方式の考え方によっています。主として3 (2) のデメリットを無くすためですが、逆に2 (2) のデメリットが出てきますので、税率が上がってしまうと今回のように一見無関係の弟さんまで税額が上がってしまうこともあり得るのです。

　また、近年環境の変化・格差社会などの視点から相続税の課税方式について、遺産課税方式や遺産取得課税方式に見直しを図ろうとする動きがあります。

第1章　相続税・贈与税の基礎知識　1　相続税の基礎知識

★ 図1-1　現在の日本の相続税の計算体系

1. 相続税の総額の計算（注：基礎控除は考慮しない）

遺産総額	法定相続分で取得したと仮定	左の取り分に応じた税額（税率30%）
2億円	兄（1/2）1億円	税額　2,300万円
	弟（1/2）1億円	税額　2,300万円
		合計　4,600万円

遺産課税方式

2. 1人あたりの相続税の計算

$$4,600万円 \times \begin{cases} [兄] \dfrac{1.5億円}{2億円} = 3,450万円 \\[2ex] [弟] \dfrac{0.5億円}{2億円} = 1,150万円 \end{cases}$$

遺産取得課税方式

★ 図2　遺産課税方式の計算体系

遺産総額 2億円	−	2億円に対する税額 6,300万円	=	残額1億3,700万円を分配

★ 図1-2　税務調査により遺産総額が3億円に増加すると···

1. 相続税の総額の計算（注：基礎控除は考慮しない）

遺産総額	法定相続分で取得したと仮定	左の取り分に応じた税額（税率40%）
3億円	兄（1/2）1.5億円	税額　4,300万円
	弟（1/2）1.5億円	税額　4,300万円
		合計　8,600万円

2. 1人あたりの相続税の計算

$$8,600万円 \times \begin{cases} [兄] \dfrac{2.5億円}{3億円} = 7,166万円 \\ [弟] \dfrac{0.5億円}{3億円} = 1,433万円 \end{cases}$$

★ 図3　遺産取得課税方式の計算体系

総額2億円
{
兄取得 1.5億円 } × 税率40% = 税額4,300万円

弟取得 5,000万円 } × 税率20% = 税額 800万円

Q. どんなものに 相続税はかかるのですか?

A. 本来相続や遺贈などにより取得した財産、および相続や遺贈などにより取得したとみなされる財産に相続税は課されます。

(1) 本来の相続財産

相続税がかかる財産は、本来の相続や遺贈という形で取得した財産で、金銭に見積もることができる経済的価値のあるすべてのものをいいます(相2)。

具体的には、被相続人が死亡の時現在において所有していた土地 (借地権含む)・家屋等の不動産、有価証券 (自社株式も含む) 預貯金、その他経済的価値を有するすべてのものです。

(2) みなし相続財産

みなし相続財産とは、民法上の相続財産ではありませんが、実質的には相続や遺贈によって財産を取得したことと同様な経済的効果があると認められる場合には、課税の公平を図るために、その受けた利益などを相続や遺贈によって取得したものとみなして、相続税法の定めにより相続税がかかるものです(相3)。

具体的には、生命保険金 (ただし、一定の金額は非課税)、退

職金・功労金（ただし、一定の金額は非課税）、生命保険契約に関する権利、定期金の受給に関する権利、保証期間付定期金に関する権利、契約に基づかない定期金に関する権利、その他の利益の享受があげられます。

（3）相続開始前３年以内に被相続人から贈与を受けた財産

　被相続人から相続開始前３年以内に贈与を受けた財産は相続税の対象となります（相19）。この場合の財産の価額は、贈与時の評価額となり、相続時の評価額ではありません。また、相続税と贈与税の二重課税を避けるために、課税された贈与税は「贈与税額控除」として相続税額から控除されます。ただし、贈与税額控除が算出された相続税額より多い場合であっても、贈与税が還付されることはありません。

　なお、相続の開始前３年以内とは、相続開始の日からさかのぼって３年目の応答日からその相続開始の日までの期間をいいます。例えば、相続開始の日が令和４年５月８日の場合は、令和元年５月８日から令和４年５月８日までの間をいいます。

　また、相続開始前３年以内に被相続人からその配偶者（贈与時点で被相続人との婚姻期間が20年以上である者に限ります）が贈与により取得した居住用不動産又は金銭で、特定贈与財産に該当するものについては、その価額を相続税の課税価格に加算しないこととされています。

　特定贈与財産とは、次のいずれかに該当するものをいいます。

①相続開始の年の前年以前に贈与により取得した財産で、贈与税の配偶者控除の適用を受けたもののうちその控除額に相当する部分

②その配偶者が被相続人からの贈与について贈与税の配偶者控

除の適用を受けたことがない者である場合において、相続開始の年に贈与により取得した財産のうち、その財産について贈与税の配偶者控除の適用があるものとした場合に、その控除額として控除されることとなる金額に相当する部分

（4）相続時精算課税制度の贈与財産

　相続時精算課税制度を選択適用した場合の贈与財産については、相続税の対象となります。

　つまり、子は、親からの相続時に、それまでの贈与財産と相続財産とを合算して計算した相続税額から、既に支払った相続時精算課税制度に係る贈与税相当額を控除することになります。その際、相続税額から控除しきれない場合には、その控除しきれない贈与税相当額の還付を受けることができます。

　なお、相続財産と合算する贈与財産の価額は、贈与時の時価となります。

Q. 土地のうち、宅地はどのように評価されますか。

A. 宅地は利用単位（1画地）ごとの地積に、倍率方式や路線価方式による評価をします。またその土地に建てた家屋を貸している場合、評価が下がります。

（1）宅地の評価方式

宅地の評価額の計算方法には、倍率方式と路線価方式があります。

①倍率方式

固定資産税評価額(注1)**×倍率**(注2)

（注1）固定資産税評価額とは、地方税法の規定により土地課税台帳又は土地補充課税台帳に登録された基準年度の価格又は比準価格をいいます。

（注2）倍率は、地価事情の類似する地域ごとに、その地域にある宅地の売買実例価額、精通者意見価格等を基として国税局長の定めた倍率をいいます。

②路線価方式

{(正面路線価^(注3)×奥行価格補正率^(注4)) ＋ (側方路線価^(注3)×奥行価格補正率^(注4)×側方二方路線影響加算率^(注5))}×地積

(注3) 路線価とは、宅地の価額がおおむね同一と認められる一連の宅地が面している路線ごとに設定された価額をいい、路線に接する宅地について、売買実例価額、精通者意見価格等を基として評定した1平方メートル当たりの価額です。

路線価は国税庁の提供するホームページで参照することができます。

(注4) 奥行価格補正率とは、路線からの奥行の長短による利用価値の差異を考慮するために乗じる率をいいます。

(注5) 側方二方路線影響加算率とは、正面と側面（裏面）に路線がある宅地の利用効率の大きさを考慮するために乗じる率をいいます。

(2) 宅地の形状による評価減

路線価方式を採用する場合において、その宅地の形状が不整形等であるときは、宅地としての機能が十分に発揮できないことを想定して評価減の措置がとられます。具体的には、以下のような補正率が路線価に乗じられます。

①不整形地補正率
②間口狭小補正率
③奥行長大補正率
④がけ地補正率

（3）貸宅地又は借地権の場合の評価減

　　上述の宅地の評価は自用地の場合の評価方法ですが、その宅地を他の者に貸している場合には、自用地としての評価額を基にして次のように計算されます。

第1章　相続税・贈与税の基礎知識

1　相続税の基礎知識

★ ①土地を貸している人（甲さん）

貸宅地（底地）の評価
自用地としての評価額－借地権価額

★ ②土地を借りている人（乙さん）

借地権の評価
自用地としての評価額×借地権割合（注6）

　　（注6）借地権割合とは、借地人が宅地に対して有する利用上の権利の割合をいい、借地権の設定に伴い権利金を支払う慣行のある地域ごとに、権利金支払実例価額等を基として国税局長の定めた割合をいいます。

09 取引相場のない株式評価額の計算方法

Q. 取引相場のない株式はどのように評価されますか。

A. 会社の規模及び同族株主の有無により異なりますが、類似業種比準価額方式・純資産価額方式のいずれかまたは併用により、または配当還元方式により評価することとなります。

（1）判定基準

取引相場のない株式を取得した者は、その<u>取得後の持ち株割合</u>により次のように評価方式が異なります。

会社の区分	株式の取得者の区分			評価方式
	株主グループ	株主個人		
評価会社が「同族株主」のいる会社である場合	「同族株主」	「中心的な同族株主」がいない場合		原則評価方式
		「中心的な同族株主」がいる場合	「中心的な同族株主」	
			持ち株5％以上	
			役員	
			持ち株5％未満かつ役員でない	配当還元方式
	「同族株主以外」	—	—	
評価会社が「同族株主」のいない会社である場合	15％未満	—	—	
	15％以上	「中心的な株主」がいる場合	持ち株5％未満かつ役員でない	
			「中心的な株主」	原則評価方式
			持ち株5％以上	
			役員	
		「中心的な株主」がいない場合		

※「同族株主」

株主の1人及びその同族関係者の有する議決権の合計数が議決権総数の30％以上である場合におけるその株主及びその同族関係者をいいます。ただし、株主の1人及びその同族関係者の有する議決権の合計数が最も多いグループの有する議決権の合計数が、その会社の議決権総数の50％超である場合には、その50％超の議決権を有するグループに属する株主だけが同族株主となり、その他の株主はたとえ30％以上の議決権を有する株主グループに属していても同族株主以外の株主となります。

※「中心的な同族株主」

「同族株主」の1人並びにその株主の配偶者、直系血族、兄弟姉妹及び1親等の姻族（一定の会社を含みます）の有する議決権の合計数が議決権総数の25％以上である場合のその株主をいいます。

※「中心的な株主」

同族株主のいない会社の株主で、課税時期において株主の1人及びその同族関係者の有する議決権の合計数が議決権総数の15％以上である株主グループに属し、かつ、単独で議決権総数の10％以上の議決権を有している場合のその株主をいいます。

(2)原則的評価方式

①会社の規模による評価方式

（1）の判定基準により原則的評価方式によることとなった場合には、その会社の規模により評価方式が異なります。

★ 例：卸売業の場合
　　　従業員数が70人以上の会社は、大会社となります。
　　　従業員数が70人未満の会社は、それぞれ次の区分によります。

		直前期末1年間における取引金額				
		2億円未満	2億円以上3億5千万円未満	3億5千万円以上7億円未満	7億円以上30億円未満	30億円以上
純資産額および従業員数	7千万円未満又は5人以下	小会社	中会社（Xの割合0.60）	中会社	中会社	大会社
	7千万円以上（5人以下を除く）	中会社（Xの割合0.60）				
	2億円以上（20人以下を除く）	（Xの割合0.75）				
	4億円以上（35人以下を除く）	（Xの割合0.90）				
	20億円以上（35人以下を除く）					

	評価方式
大会社	類似業種比準価額方式又は純資産価額方式
中会社	類似業種比準価額方式と純資産価額方式の併用方式
小会社	純資産価額方式又は類似業種比準価額方式と純資産価額方式の併用方式

②類似業種比準価額方式

　類似業種比準価額方式による場合には、次の算式により評価額が計算されます。(1株当たりの資本金等の額が50円である場合)

$$ A \times \left(\frac{b}{B} + \frac{c}{C} + \frac{d}{D} \right) \div 3 \times 0.7^{※} $$

※中会社の場合は0.6、小会社の場合は0.5

A：課税時期の属する月以前3ヶ月間の株価並びに前年平均株価及び課税時期の属する月以前2年間の平均株価のうち最も低いもの

B：課税時期の属する年の類似業種の1株当たりの配当金額

C：課税時期の属する年の類似業種の1株当たりの年利益金額

D：課税時期の属する年の類似業種の1株当たりの純資産価額 (帳簿価額)

b：評価会社の1株当たりの配当金額

c：評価会社の1株当たりの利益金額等

d：評価会社の1株当たりの純資産価額(帳簿価額)

③純資産価額方式

　純資産価額方式による場合には、次の算式により評価額が計算されます。

　（イ）　(相続税評価額による総資産価額−負債の額)−(帳簿価額による総資産価額−負債の額)

　（ロ）　(イ)×37%

（ハ）　相続税評価額による総資産価額−負債の額−（ロ）

（ニ）　（ハ）÷発行済株式数

④類似業種比準価額と純資産価額方式の併用方式

併用方式による場合には、次の算式により評価額が計算されます。

類似業種比準価額 × Lの割合 ＋ 純資産価額 ×（１−Lの割合）
※Lの割合は中会社の場合（0.90、0.75、0.60）、小会社の場合
（0.50）により異なります。

（3）配当還元方式

（1）の判定基準により配当還元方式によることとなった場合には、次の算式により評価額が計算されます。（1株当たりの資本金等の額が50円である場合）

ただし、原則的評価方式による評価額を選択することもできます。

$$\frac{その株式にかかる年配当金額}{10\%}$$

※「その株式にかかる年配当金額」の算式は次のようになります。

$$\frac{直前期末以前2年間の配当金額の合計額÷2}{直前期末における資本金等の額÷50円}$$

ただし、この算式により求めた金額が2円50銭未満となる場合及び無配の場合には2円50銭とします。

Q. 相続で上場株式や証券投資信託を取得した場合、どのように評価するのでしょうか。

A. 次のように財産評価通達の定めにより評価をいたします。

（1）上場株式の評価

　上場株式の価額は、その株式が上場されている金融商品取引所（国内の2以上の金融商品取引所に上場されている株式については、納税義務者が選択した金融商品取引所とします）の公表する課税時期の最終価格によって評価します。ただし、その最終価格が課税時期の属する月以前3ヶ月間の毎日の最終価格の各月ごとの平均額（以下「最終価格の月平均額」といいます）のうち最も低い価額を超える場合には、その最も低い価額によって評価します。

　負担付贈与又は個人間の対価を伴う取引により取得した上場株式の価額は、その株式が上場されている金融商品取引所の公表する課税時期の最終価格によって評価します。

［計算例］　×3年5月15日に相続が発生し、Y株式1,000株を相続した場合

　　①Y株の×3年5月15日の最終価格500円
　　②Y株の×3年5月平均額　　　520円
　　③Y株の×3年4月平均額　　　490円
　　④Y株の×3年3月平均額　　　460円

［評価方法］
　通常は①～④のうち最も低い価額（④×1,000株＝460,000円）により評価。
　しかし、負担付贈与又は個人間の対価を伴う取引により取得した場合は課税時期の最終価格（①×1,000株＝500,000円）で評価します。

（2）証券投資信託受益権の評価

　証券投資信託の受益証券の評価は、課税時期において解約請求又は買取請求（解約請求等）により、証券会社等から支払いを受けることができる価額として以下のように評価をします。

①中期国債ファンド、MMF（マネー・マネージメント・ファンド）等の日々決算型の証券投資信託の受益証券の場合は、次の算式により計算した金額によって評価をします。

（算式）　1口当たりの基準価額×口数＋A－B－C
　A＝再投資されていない未収分配金
　B＝Aにつき源泉徴収されるべき所得税の額に相当する金額
　C＝信託財産留保額及び解約手数料（消費税額に相当する額を含む）

②上記①以外の証券投資信託の受益証券の場合には、次の算式により計算した金額によって評価します。この場合に、例えば、1万口当たりの基準価額が公表されているものについては、次の算式の『課税時期の1口当たりの基準価額』を「課税時期の1万口当たりの基準価額」と、「口数」を「口数を1万で除して求めた数」と読み替えて計算した金額になります。

なお、課税時期の基準価額がない場合には、課税時期前の基準価額のうち、課税時期に最も近い日の基準価額を課税時期の基準価額として計算します。

（算式）　**課税時期の1口当たりの基準価額×口数－A－B**
　　A＝課税時期において解約請求等した場合に源泉徴収されるべき所得税の額に相当する金額
　　B＝信託財産留保額及び解約手数料（消費税額に相当する額を含む）

(注)証券投資の受益証券の中には、現在、金融商品取引所に上場されているものがありますが、このような受益証券については、解約請求等を前提とした評価方法は適切ではないことから、上場株式の評価の定めに準じて評価します。

Q. 生命保険は契約の仕方によって受取り時の税金の取り扱いが変わるそうですが、内容を教えてください。

A. 　生命保険は、保険契約者（保険契約を締結し保険料を支払う人）、被保険者（保険事故の対象となる人）、保険金受取人（保険事故が発生した際に保険金を受取る人）を決めますが、この組み合わせによって、対象となる税金が異なります。

（1）保険金の税金は契約方法で変わる

　生命保険に加入する際に大切なのが「保険契約者」「被保険者」「保険金受取人」を誰にするかということです。

　この組み合わせによって、保険金を受取る際の税金の種類が異なり、結果として税額も大きく違ってくるのです。実際に税額がどう違ってくるのか、具体的に見てみましょう。

(2)「契約者」と「被保険者」が　　　　　同一であれば相続税の対象になる

　図表中の①②を見るとわかるように、相続税の対象となる契約は、契約者と被保険者が同一人の場合です。相続税には基礎控除という非課税枠が有り、3,000万円＋600万円×法定相続人の数の金額を控除できることになっていますが、基礎控除を超える金額については、10%〜55%（遺産の大小や相続人の数による）の税率がかかります。

　なお、死亡保険金受取人が契約者の相続人の場合には、基礎控除とは別枠で、500万円×法定相続人の数の金額を保険金から控除できます（死亡保険金の非課税：図表①）。つまり、保険金以外の財産も含めて、非課税枠以内なら相続税はかからないことになります。ここを上手く活用すれば、節税になるわけです。

(3)「所得税・住民税の対象となる契約」は　　　　　契約者と受取人が同一の場合

　また、所得税・住民税の対象になる契約は、契約者と保険金受取人が同一人の場合です（図表③）。
この場合の死亡保険金は、受け取りの方法により、一時所得又は雑所得として課税されます。

(1) 死亡保険金を一時金で受領した場合

　死亡保険金を一時金で受領した場合には、一時所得になります。つまり、(死亡保険金－累計払込保険料－特別控除50万円)×1/2が一時所得の課税対象になります。

　その後、他の所得と合算（総合課税）し、所得税（復興特別所得税を除きます）・住民税合計で15%〜55%（所得金額による）の

税率がかかってきますが、1/2が課税対象になるので、最高でも27.5%の負担ですむわけです。

(2) 死亡保険金を年金で受領した場合

　死亡保険金を年金で受領した場合には、公的年金等以外の雑所得として課税されます。つまり、「年中に受け取った年金の額−年中に受け取った年金の額に対応する払込保険料または掛金の額」が雑所得の課税対象になります。

　なお、年金を受け取る際には、原則として所得税が源泉徴収されます。

(4)「贈与税の対象になる契約」は 契約者≠被保険者≠受取人

　贈与税の対象になる契約は、契約者と被保険者と死亡保険金受取人のすべてが異なる人の場合です(図表④)。

　贈与税は、受取保険金額から基礎控除の110万円を引いた金額に10% 〜 55%(贈与金額による)の税率がかかります。相続税や所得税と比べて税負担が非常に大きいため、注意が必要です。

(5) 上手く保険を活用すれば 1,195万円の贈与税が不要に

　では、死亡保険金3,000万円、累計払込保険料950万円の例で計算しましょう。その場合、

- ・相続税………………0円(他の財産はないと仮定)
- ・所得税(復興特別所得税を除きます)・住民税……約256万円
 (他の所得はなく、一時金で受け取ったと仮定)
- ・贈与税………………1,195万円
 (他の贈与はなく、一時金で受け取り、一般税率を適用と仮定)

いかがですか。このインパクト！ 特に保険が嫌いなご主人の場合、このような贈与税の対象になってしまうケースが多いようです。すなわち主人は保険が嫌いなので私（妻）が夫に保険をかけるしかない→せめて受取人は子供にしてあげよう→贈与パターンの完成となります。

（6）受取人の名義変更で大丈夫
——損な既契約は変更できる

　では、わが家の保険証券を確認したところ、贈与パターンだった場合、どのように対応すればいいのでしょう。解約して新たに保険に入り直さなければならないのか…。そんな不安にかられかねませんが、心配することはありません。
　契約者と受取人は加入後であっても変更することができるためです。たとえば、④の受取人を子から妻にかえておけば、万一のときには、所得税・住民税の対象になります。

★〈契約形態別の課税関係の表〉

	契約者 （保険料負担者）	被保険者	受取人	税金の種類	
満期 保険金	A	—	A	所得税（注1）	
	A	—	B	贈与税	
死亡 保険金	夫	夫	妻 （相続人）	相続税 （生保非課税あり）	①
	夫	夫	相続人 以外	相続税 （生保非課税なし）	②
	妻	夫	妻	所得税 住民税 （一時所得 または雑所得）	③
	妻	夫	子	贈与税	④

（注1）課税関係

（1）一時払養老保険等で保険期間等が5年以下および保険期間
　　等が5年超で5年以内に解約されたもの
　　差益に対して20.315%源泉分離課税
（2）上記以外
　　契約者と受取人が同じ場合の死亡保険金（図表③）と同
　　様の課税関係

Q.

令和３年８月に準確定申告をしたのですが、平成３１年〜令和３年の被相続人の確定申告が間違っており、令和３年分の所得分も含めて修正申告をして、各年分の本税・付帯税の納付を行いました。この税金は相続税ではどのように取り扱われますか。

A.

　１年前・２年前の確定申告の修正申告による本税・付帯税、および準確定申告による本税は債務控除の対象となりますが、準確定申告に関わる附帯税は債務控除の対象とはなりません。

（1）債務控除・葬式費用

　相続税は相続などにより受けた利益に課税されるものですので、相続人等が被相続人の債務・葬式費用を負担するときは、相続財産の価格から控除して相続税の課税価格を計算することとしています。

　債務控除の対象となるものには、被相続人の公租公課のうち死亡の際確定しているものと死亡後に相続人等が納付・徴収されたもの、相続人が負担する被相続人の借入金・未払金等で相続開始

時に存在し確実と認められるもの、保証債務・連帯債務のうち一定の条件を満たしたもの、があります。

　葬式費用も相続財産の価格から控除されますが、通常、葬式費用として認められるのは、①死体の捜索費又は死体や遺骨の運搬費、②遺体や遺骨の回送費、③火葬・埋葬・納骨をするためにかかった費用、④葬式などの前後に生じた出費で、お通夜にかかる費用など通常葬式などにかかせない費用、⑤葬式に当たりお寺などに対して読経料などのお礼をした費用が挙げられます。

（2）債務控除の対象とならない公租公課

　質問の状況における税金は公租公課にあたるものですが、公租公課は相続人及び包括受遺者の責に帰すべき事由により納付し、又は徴収されることとなった延滞税、利子税及び各種の加算税に相当する税額は含まれません。

　納付した税金は、平成31年（令和元年）・令和2年の所得税の本税及びそれに対する附帯税と、令和3年の所得税の本税と附帯税です。平成31（令和元年）年・令和2年の所得税の本税及びそれに対する附帯税は、本来当初の申告時に被相続人が正しく申告をするか、相続開始前に被相続人が修正申告を行い納付すべきものなので、これは被相続人の責に帰すべき事由になります。また、令和3年の準確定申告に関わる本税も、被相続人が負担すべき税金になりますので、債務控除の対象となります。

　しかし、令和3年の準確定申告に関わる附帯税については、相続人及び包括受遺者が正しく申告を行うことで免れることができたはずのものとなりますので、相続人及び包括受遺者の責に帰すべき事由があるとして、債務控除の対象とはなりません。

	平成31年（令和元年）・令和2年	令和3年（準確定申告）
本税	○（被相続人の責）	○（被相続人の責）
附帯税	○（被相続人の責）	×（相続人及び包括受遺者の責）

（3）その他債務控除の対象とならないもの

　（1）に記載した債務控除の対象になるものにも、ある条件の場合にはその対象とならない場合があります。

　たとえば、墓所や霊びょう等に関する債務は非課税財産に関する債務として債務控除の対象とはなりません。また、相続放棄をした者が債務を負担する場合、放棄したものは当初から相続人ではないとみなされますので、債務控除の対象とはなりません。ただし、葬式費用は相続放棄した場合でも控除できます。

　また、葬式にかかるものではないので初七日法要費用・四十九日費用等の法会に要する費用なども控除の対象にはなりません。香典返しは、香典が相続財産とされないことにより、控除の対象とはなりません。

　さらに、法施行地に住所を有しない特定納税義務者及び制限納税義務者においては、債務控除は取得した財産に係る債務のみが控除でき、葬式費用は控除できません。

Q. 配偶者が、今現在配偶者が住んでいる家とその敷地になっている土地を相続しました。何か特典はありますか？

A. 小規模宅地等の特例により面積330㎡まで80％減額できます。

（1）小規模宅地等（特定居住用）

①概要

　居住の用に供している宅地等を相続した場合、一定の面積（小規模宅地等）については、要件を満たすことにより、通常の方法で評価した価額から次に掲げる面積について以下の減額割合を乗じて計算した金額を評価減として控除できます。

特定居住用宅地等　　　330㎡まで　80％

②特定居住用宅地等

　特定居住用宅地等とは、相続開始直前において被相続人等の居住の用に供されていた宅地等で、その被相続人の配偶者又は次のいずれかに掲げる要件を満たすその被相続人の親族が相続又は遺

贈により取得したもの（その宅地等のうち次のいずれかに掲げる要件に該当する親族が相続又は遺贈により取得した持分の割合に応ずる部分に限ります）をいいます。

　なお、その宅地等が2以上ある場合には、主として居住していた一の宅地等に限ります。

イ、同族親族で継続して居住している

ロ、その居住用宅地等を取得した親族が、次に掲げる要件の全てを満たすこと（その被相続人に配偶者又は同居親族がいない場合に限る）。

　(1) 相続開始前3年以内に国内にあるその親族、その親族の配偶者、その親族の三親等内親族又はその親族と特別の関係がある法人等

　(2) 相続開始時におけるその親族の居住家屋を、相続開始前のいずれの時においても所有していたことがないこと。

　(3) 相続開始時から申告期限まで引き続きその宅地等を有していること。

ハ、同一生計親族で、相続開始時から申告期限まで引き続きその宅地等を有し、かつ、相続開始前から申告期限まで引き続きその宅地等に居住していること。

　また、平成26年1月1日以後に相続開始が合った場合には、特定居住用宅地等の取扱いについて、次の事項の改正が行われています。

　(1) 二世帯住宅に居住していた場合

　　　二世帯住宅について、構造上区分されたものであっても、区分所有建物登記がされている建物を除き、一定の要件を満たす場合には、その敷地全体について特例の適用ができるようになりました。

　(2) 老人ホームなどに入居していた場合

次のような理由により、相続開始の直前に被相続人が居住されていなかった宅地等について、一定の場合には、特例の適用ができるようになりました。

イ、要介護認定を受けていた被相続人が養護老人ホーム等に入居していたこと

ロ、障害支援区分の認定を受けていた被相続人が障害者支援施設などに入所していたこと

③土地が複数ある場合

複数の宅地を適用する場合には面積の調整が行われます。

特例の適用を選択する宅地等がA及びBの場合（Cがない場合）

$$A+B \leqq 400㎡、B \leqq 330㎡（合計730㎡）$$

特例の適用を選択する宅地等が
C及びA又はBの場合（Cがある場合）

$$A \times 200/400 + B \times 200/330 + C \leqq 220㎡$$

A、 特定事業用宅地等、特定同族会社事業用宅地等に該当する部分の合計面積

B、 特定居住用宅地等に該当する部分の合計面積

C、 貸付事業用宅地等に該当する部分の合計面積

（2）適用要件

　相続税の申告書に、この適用を受けようとする旨の記載及び計算の明細書その他一定の書類を添付する必要があります。

　なお、この特例は、相続税の申告期限までに相続人等によって分割されていない宅地等には適用されません。ただし、申告期限までに分割されていない宅地等が、次のいずれかに該当することになったときには、適用することとなっています。

①、申告期限後3年以内に分割された場合
②、期限後3年以内に分割できないことについてやむを得ない事情があり、所轄税務署長の承認を受けた場合、分割できることとなった日として定められた一定の日の翌日から4ヶ月以内に分割されたとき

Q. 被相続人が事業の用に供していた土地を相続しました。何か特例はありますか？

A. 被相続人の事業に使われていた部分に限り、小規模宅地等の特例により面積400㎡まで80％減額できます。

（1）小規模宅地等（特定事業用）

①概要

事業の用に供している宅地等を相続した場合、一定の面積（小規模宅地等）については、通常の方法で評価した価額から次に掲げる面積について以下の減額割合を乗じて計算した金額を評価減として控除できます。

特定事業用宅地等　　　400㎡まで　80％

②特定事業用宅地等

特定事業用宅地等とは、相続開始直前において被相続人等の事業の用に供されていた宅地等で、次に掲げる要件のいずれかを満たすその被相続人の親族が相続又は遺贈により取得したもの（その宅地等のうち次に掲げる要件に該当する親族が相続又は遺贈により取得した持分の割合に応ずる部分に限ります）をいいます。

また、相続開始前３年以内に新たに事業に使われていた宅地等（定められた一定の規模以上の事業に使われたいたものを除く）を除きます。

　イ、被相続人の事業用宅地等を取得したその親族が、相続開始時から申告期限までの間にその被相続人の事業を引き継ぎ、申告期限まで継続所有し、かつ、その事業を営んでいること。

　ロ、同一生計親族の事業用宅地等を取得したその同一生計親族が、相続開始時から申告期限まで継続所有し、かつ、相続開始前から申告期限まで継続して事業を行っていること。

③被相続人等の事業の内容

　特定事業用宅地等に該当する事業とは不動産貸付業、駐車場業、自転車駐車場業及び準事業は除かれます。

　しかし以下の事業については不動産貸付業等から除かれますので、他の要件を満たせば、特定事業用宅地等の特例が適用できます。

　イ、食事の提供を伴う下宿
　ロ、ビジネスホテル
　ハ、民宿
　ニ、ホテル
　ホ、その他上記に準ずる事業

④土地が複数ある場合

　複数の宅地を適用する場合には面積の調整が行われます。

特例の適用を選択する宅地等がA及びBの場合（Cがない場合）

$$A+B \leqq 400㎡、B \leqq 330㎡（合計730㎡）$$

特例の適用を選択する宅地等が
C及びA又はBの場合（Cがある場合）

$$A \times 200/400 + B \times 200/330 + C \leqq 220㎡$$

　A、特定事業用宅地等、特定同族会社事業用宅地等に該当する
　　部分の合計面積
　B、特定居住用宅地等に該当する部分の合計面積
　C、貸付事業用宅地等に該当する部分の合計面積

(2) 適用要件

　相続税の申告書に、この適用を受けようとする旨の記載及び計算の明細書その他一定の書類を添付する必要があります。

　なお、この特例は、相続税の申告期限までに相続人等によって分割されていない宅地等には適用されません。ただし、申告期限までに分割されていない宅地等が、次のいずれかに該当することになったときには、適用することとなっています。

①、申告期限後3年以内に分割された場合

②、期限後3年以内に分割できないことについてやむを得ない事情があり、所轄税務署長の承認を受けた場合、分割できることとなった日として定められた一定の日の翌日から4ヶ月以内に分割されたとき

Q. 被相続人が オーナーとなっていた会社の 建物の敷地となっている土地を 相続した場合 何か特例がありますか?

A. 小規模宅地等の特例により面積400㎡まで80%減額できます。

（1）小規模宅地等（特定同族会社事業用）

①概要

　事業の用に供している宅地等を相続した場合、一定の面積（小規模宅地等）については、通常の方法で評価した価額から次に掲げる面積について以下の減額割合を乗じて計算した金額を評価減として控除できます。

特定同族会社事業用宅地等　　　400㎡まで　80%

②特定同族会社事業用宅地等

　特定同族会社事業用宅地等とは、相続開始直前において次のイの要件に該当する法人の事業の用に供されていた宅地等で、その宅地等の取得者のうち次のロの要件のすべてに該当する被相続人

の親族がいるものをいいます。

　　イ、相続開始直前において、被相続人及びその被相続人の親族
　　　　その他その被相続人と特別の関係がある者等が株式、出資
　　　　の50%超を有する法人であること。

　　ロ、相続税の申告期限において、上記イの法人の役員であるこ
　　　　と。かつ、その宅地等を相続税の申告期限まで保有してい
　　　　ること。

③特定同族会社の事業の用に供されていた宅地等の範囲

　被相続人の有する宅地等の上に特定同族会社の所有する建物等
があり、当該特定同族会社が事業（不動産貸付業を除きます）を
行っている場合。

【土地の貸借形態】

　　イ、相当の地代を支払っている場合　　80%減額

　　ロ、無償（使用貸借）の場合　　　　　　　減額なし

　なお、特定同族会社が不動産貸付業等を行っている場合は、貸
付事業用宅地等に該当し、200㎡まで50%減額となります。

④土地が複数ある場合

　複数の宅地を適用する場合には面積の調整が行われます。

特例の適用を選択する宅地等がA及びBの場合（Cがない場合）

A+B≦400㎡、B≦330㎡（合計730㎡）

特例の適用を選択する宅地等が
C及びA又はBの場合（Cがある場合）

$$A \times 200/400 + B \times 200/330 + C \leqq 220\text{m}^2$$

A、特定事業用宅地等、特定同族会社事業用宅地等に該当する
　部分の合計面積
B、特定居住用宅地等に該当する部分の合計面積
C、貸付事業用宅地等に該当する部分の合計面積

(2) 適用要件

　相続税の申告書に、この適用を受けようとする旨の記載及び計算の明細書その他一定の書類を添付する必要があります。

　なお、この特例は、相続税の申告期限までに相続人等によって分割されていない宅地等には適用されません。ただし、申告期限までに分割されていない宅地等が、次のいずれかに該当することになったときには、適用することとなっています。

①、申告期限後3年以内に分割された場合
②、期限後3年以内に分割できないことについてやむを得ない事情があり、所轄税務署長の承認を受けた場合、分割できることとなった日として定められた一定の日の翌日から4ヶ月以内に分割されたとき

Q. 被相続人の賃貸アパートの土地と建物を相続する場合、何か特例はありますか？

A. 被相続人の貸付事業に使われていた部分に限り、小規模宅地等の特例により面積200㎡まで50%減額できます。

（1）小規模宅地等（貸付事業用）

①概要

貸付事業の用に供している宅地等を相続した場合、一定の面積（小規模宅地等）については、通常の方法で評価した価額から次に掲げる面積について以下の減額割合を乗じて計算した金額を評価減として控除できます。

貸付事業用宅地等　　　200㎡まで　50%

②貸付事業用宅地等

貸付事業用宅地等とは、相続開始直前において被相続人等の貸付事業の用に供されていた宅地等で、次に掲げる要件のいずれかを満たすその被相続人の親族が相続又は遺贈により取得したもの（その宅地等のうち次に掲げる要件に該当する親族が相続又は遺贈により取得した持分の割合に応ずる部分に限ります）をいいま

す。

　また、特定同族会社事業用宅地等および相続開始前3年以内に
新たに貸付事業に使われていた宅地等（相続開始の日まで3年超
継続して一定の貸付事業を行っていたものを除く）を除きます。

イ、被相続人の貸付事業用宅地等を取得したその親族が、相続
　　開始時から申告期限までの間にその宅地等に係る被相続人
　　の貸付事業を引き継ぎ、申告期限まで継続保有し、かつ、
　　当該貸付事業を行っていること。

ロ、同一生計親族の貸付事業用宅地等を取得したその同一生計
　　親族が、相続開始時から申告期限まで継続所有し、かつ、
　　相続開始前から申告期限まで継続して貸付事業を行ってい
　　ること。

③貸付事業の範囲

　貸付事業とは不動産貸付業、駐車場業、自転車駐車場業及び準
事業のことです。

　よって、管理人も置いて、時間貸し駐車場を事業的規模で行っ
ており、所得税法上事業所得として課税されているような場合で
あっても、その宅地は特定事業用宅地等には該当せず、貸付事業
用宅地等に該当します。

　また、準事業とは、事業と称するに至らない不動産の貸付けそ
の他これに類する行為で相当の対価を得て継続的に行うものをい
います。

　よって、貸付けに対する受取賃料の価額が低く、不動産所得が
赤字となるような場合であっても、その価額が第三者間との取引
の結果として合理的と認められるような価額であれば、貸付事業
用宅地等に該当します。

④土地が複数ある場合

複数の宅地を適用する場合には面積の調整が行われます。

貸付事業用宅地等及びそれ以外の宅地等を選択する場合

$$A \times 200/400 + B \times 200/330 + C \leqq 200㎡$$

A、特定事業用宅地等、特定同族会社事業用宅地等に該当する
　　部分の合計面積

B、特定居住用宅地等に該当する部分の合計面積

C、貸付事業用宅地等に該当する部分の合計面積

（2）適用要件

相続税の申告書に、この適用を受けようとする旨の記載及び計算の明細書その他一定の書類を添付する必要があります。

なお、この特例は、相続税の申告期限までに相続人等によって分割されていない宅地等には適用されません。ただし、申告期限までに分割されていない宅地等が、次のいずれかに該当することになったときには、適用することとなっています。

①、申告期限後3年以内に分割された場合

②、期限後3年以内に分割できないことについてやむを得ない事情があり、所轄税務署長の承認を受けた場合、分割できることとなった日として定められた一定の日の翌日から4ヶ月以内に分割されたとき

Q. 配偶者が財産を取得した場合の優遇規定を教えてください。

A. 配偶者の税額軽減により、配偶者が取得した財産が遺産総額の法定相続分か1億6,000万円までなら税額はゼロになります。

（1）配偶者に対する相続税額の軽減

　配偶者に対する相続税については、①同一世代間の財産移転であり、子が財産を取得した場合に比べて、次に相続税が課税されるまでの期間が短いこと、②配偶者は被相続人の財産の維持・形成に貢献していること、③被相続人の死亡後における生存配偶者の生活保障のためなどから、配偶者が納付すべき相続税額のうち一定額を軽減しようという軽減措置が講じられています。

（2）配偶者の税額軽減の限度額

　配偶者が財産のうち遺産総額の法定相続分もしくは正味財産額1億6,000万円までに相当する財産を取得した場合には、その配偶者について相続税はかかりません。

　例えば、家族構成が夫・妻・子供である場合に夫が死亡したとすると、妻の法定相続分は1/2となり、妻は遺産総額の1/2まであるいは1/2以上であっても1億6,000万円まで相続しても納付

税額はゼロです。

（3）配偶者の税額軽減の計算

　この配偶者の税額軽減額は、次のイの金額とロの金額のいずれか少ない方の金額となります。

　イ、配偶者の算出相続税額で贈与税額控除（暦年課税）までの
　　　規定適用後の金額

　ロ、次の算式によって計算した金額

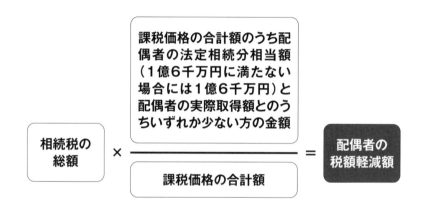

（注）この場合の「配偶者の法定相続分」は、相続の放棄があった場合でも、その放棄がなかったものとした場合における相続分をいいます。

（4）相続財産が未分割の場合

　配偶者の税額軽減が受けられる財産は、原則として、相続税の申告期限までに遺産分割などにより現に配偶者が取得したものに限られます。ただし、申告期限までに遺産分割が行われなかった場合であっても、申告期限から原則として3年以内に分割された場合には適用を受けることができます。

　また、相続財産の一部が未分割の場合の配偶者の税額計算につ

いては、債務控除はまず未分割の財産に充てられたものとして計算します。

(5) 申告要件

　配偶者に対する相続税額の軽減の適用を受けるためには、相続税の申告書（期限後申告書及び修正申告書を含みます）又は更正の請求書にその適用を受ける旨及びその計算に関する明細を記載し、次に掲げる書類を添付して、その申告書を提出しなければなりません。また、配偶者の税額軽減の適用を受けることによって納付税額がゼロとなる場合でも申告が必要となることに注意しなければなりません。

　なお、相続税の申告書を提出する際に、遺産の全部又は一部が共同相続人又は包括受遺者によってまだ分割されていない場合において、その申告書の提出後に分割される遺産について相続税額の軽減の適用を受けようとするときは、申告書にその旨並びに分割されていない事情及び分割の見込みの詳細を記載した書類（申告期限後3年以内の分割見込書）を添付しなければなりません。

①次のいずれかの書類
　イ　被相続人のすべての相続人を明らかにする戸籍の謄本
　　　（相続開始の日から10日を経過した日以後に作成されたもの）
　ロ　図形式の法定相続情報一覧図の写し（子の続柄が実施又は養子のいずれであるか分かるように記載されたものに限ります）
　　※被相続人に養子がいる場合には、その用紙の戸籍の謄本又は抄本の提出も必要です。
　ハ　イ又はロをコピー機で複写したもの

②遺言書の写し、遺産分割協議書（その遺産分割協議書にその相続に係るすべての共同相続人及び包括受遺者が自署押印した上、印鑑証明書を添付したものに限ります）の写し
③その他の財産の取得の状況を証する書類（生命保険金や退職金の支払い通知書など）

Q. 相続税の申告書は、どこへ出せばいいのですか?

A.

相続人が被相続人の死亡時の住所地を所轄する税務署に提出し、金融機関に納付書を持っていって納付します。原則、納期限まで、または納付すべき日に金銭納付ですが、延納・物納という手段もあります。

(1) 申告書の提出期限と納付

相続税の申告は、被相続人の死亡した日の翌日から10ヶ月以内に行うことになっています。なお相続税の申告書の提出先は死亡した人の住所地を所轄する税務署で、財産をもらった人の住所地ではありません。

相続税の納税は申告期限と同じく、被相続人の死亡した日の翌日から10ヶ月以内に行うことになっています。納税は税務署だけでなく金融機関や郵便局の窓口でもできます。

(2)延納

相続税は納期限まで、または納付すべき日に金銭で納めるのが原則ですが、これらの日までに納付することが困難な場合も考えられます。そこで一定の要件のもとに5年から20年の間で分割納付する延納制度が設けられています。

①延納の要件

イ、相続税額が10万円を超えること

この場合、期限内申告のほか期限後申告や修正申告、さらに更正または決定により納付する場合も含みます。

ロ、担保を提供すること

ただし、延納税額が100万円以下で、かつ、延納期間が3年以下の場合は不要。

ハ、納期限まで、または納付すべき日に金銭で納付することを困難とする事由があり、かつその納付を困難とする金額を限度としていること

ニ、年賦延納しようとする相続税の納期限まで、または納付すべき日に、所定の事項を記載した延納申請書に担保提供に関する書類を添えて提出すること

②延納期間

①不動産等の割合が75%以上

不動産等に係る延納税額	20年
その他財産に係る延納税額	10年

②50%以上75%未満

不動産等に係る延納税額	15年
その他財産に係る延納税額	10年

③50%未満　　一般の延納税額　5年

※相続財産のなかに森林計画立木等が含まれている場合は、それに係る延納期間は異なります。

(3)物納

国税は金銭納付が原則ですが、相続税については、納期限まで、又は納付すべき日の納付のほか、延納によっても納付できない事由があると認められる場合には、相続財産そのものをもって納める物納という特別な制度があります。

①物納の要件

イ、延納によっても金銭で納付することを困難とする事由があり、納付困難とする金額を限度としていること

ロ、相続等により取得した財産のうちに物納に適する財産があること

ハ、物納に充てることができる財産は、管理処分不適格財産に該当しないこと

ニ、物納劣後財産に該当するときは、他の物納に充てるべき適当な財産がないこと

ホ、物納しようとする相続税の納期限または納付すべき日までに、所定の事項を記載した申請書に物納手続関係書類を添付して提出すること

※管理処分不適格財産とは、不動産の場合、担保権が設定されているものや、権利の帰属について争いのあるもの、境界が明らかでない土地等のことをいいます。

②物納できる財産

物納することができる財産は相続税の計算の基礎に算入された相続財産のうち、次に挙げる財産及び順位であり、国内にあるものと決められています。

第1順位　　①不動産、船舶及び

換価が容易である一定の有価証券

②①のうち劣後財産

第2順位　　③社債、株式、証券投資信託

　　　　　　または貸付信託の受益証券

　　　　　　（①に該当するものは除きます）

　　　　　④③のうち劣後財産

　第3順位　　　⑤動産

③物納の撤回

　収納された財産は国の所有となってしまいますが、その財産の
うちに賃借権等が設定されている不動産があり、かつ、その後物
納に係る税額を金銭で一時に納付し、または延納の許可を受けて
納付する場合には、その不動産については、その収納後であって
も、物納の許可を受けた日の翌日から一年以内に申請をすること
で、物納の撤回をすることができます。

　ただし、その不動産がすでに換価されていた場合などには撤回
できませんので注意が必要です。

Q. 10ヶ月以内に遺産分割がまとまらなかった場合はどうなりますか?

A. 　未分割の場合の申告書を提出し、いったん納税して、分割が決まってから修正申告します。

(1) 未分割でも納税が必要

　相続税の申告書の提出期限までに遺産の分割が行われない場合においては、民法に規定する相続分又は包括遺贈の割合により、取得した相続財産の価額及び承継債務の金額を計算し、これにより相続税の申告をすることとされています。

　これは、分割の有無により相続税の申告と納税の期限を延期することは、相続税の実質負担を左右することになるためです。

(2) 未分割だと不利になる

　遺産分割が終了しないと適用を受けられない相続税の特例には、配偶者の税額軽減、小規模宅地等の特例、相続税の農地等の納税猶予等があります。

　配偶者の税額軽減及び小規模宅地等の特例については、原則として申告期限までに遺産分割をすることが必要ですが、申告期限

から3年以内に分割された場合であっても特例の適用を受けることができます。この場合には、「申告期限後3年以内の分割見込書」を提出することになります。

　また、申告期限から3年を経過する日までに、相続について訴えや和解の申立てがされたこと等により分割されていない場合には、3年を経過する日の翌日から2ヶ月以内に税務署長に申請書を提出することにより、これらの事由が完結した日の翌日から4ヶ月以内に分割されれば特例の適用を受けることができます。

　なお、相続税の農地等の納税猶予については、申告期限までに分割されない場合には、特例の適用を受けることはできません。

（3）分割が確定した後の手続

　申告後、未分割財産が分割されたことにより、相続税額が増加した場合には修正申告を、減少した場合には更正の請求を、また、新たに申告納税義務が発生した場合には、期限後申告をそれぞれすることになります（図1）。

　なお、この場合の更正の請求は、遺産分割がされたことを知った日の翌日から4ヶ月以内にしなければなりません。

★ 図1　分割確定後の手続

分割によって新たに申告書の提出義務が生じた場合	期限後申告書
分割によってすでに確定した相続税額に不足が生じた場合	修正申告書
分割によってすでにした申告・決定にかかわる税額等が過大となった場合	更正の請求

（4）相続税の納付

　未分割であった財産が分割されたことにより期限後申告書・修正申告書を提出した者は、その申告書を提出した日までに税額を納付しなければなりません(図2)。

　また、通常の期限後申告や修正申告の場合に加算税・延滞税がかかりますが、未分割を理由とする期限後申告や修正申告では、次のように取り扱われます。

①無申告・過少申告加算税は、期限後申告書・修正申告書を速やかに提出しているときはかかりません。
②延滞税は、その期限後申告・修正申告により納付すべき相続税をこれらの申告書提出日までに納付しているときはかかりません。

★ 図2　期限後申告・修正申告の相続税額

期限後申告	期限後申告書により算出された相続税額
修正申告	（修正申告にかかわる相続税額） 　－（すでに確定し、納付した相続税額）

第1章　相続税・贈与税の基礎知識

1 相続税の基礎知識

Q. 相続財産を公益法人に寄附した場合、何か特例はありますか?

A. 　相続した財産を公益法人等に寄附した場合には、その寄附をした財産や支出した金銭は相続税の対象としない特例があります。

(1) 概要

　相続や遺贈によって取得した財産を国や、地方公共団体又は特定の公益法人などに寄附した場合や、特定の公益信託の信託財産とするために支出した場合は、その寄附をした財産や支出した金銭は相続税の対象とはなりません。

※特定の公益法人とは教育や科学の振興などに貢献することが著しいと認められる特定の公益を目的とする事業を行う特定の法人をいいます。

(2) 相続や遺贈によって取得した財産を国、地方公共団体又は特定の公益法人などに寄附した場合の特例

　次の要件のすべてを満たしている場合には寄附した財産は相続税の対象とはなりません。

　①寄附した財産は、相続や遺贈によって取得した財産であるこ

と。

（相続や遺贈で取得したとみなされる生命保険金や退職手当金も含まれますが、換金行為で得た金銭など相続や遺贈で取得した財産を譲渡して取得した財産は含まれません）

②相続財産を相続税の申告書の提出期限までに寄附すること。

③寄附した先が国や地方公共団体又は特定の公益法人であること。

(注)特定の公益法人の範囲は独立行政法人や社会福祉法人などに限定されており、寄附の時点で既に設立されているものでなければなりません。

（3）相続や遺贈によって取得した金銭を特定の公益信託の信託財産とするために支出をした場合の特例

次の要件のすべてを満たしている場合には支出した金銭は相続税の対象とはなりません。

①支出した金銭は相続や遺贈で取得したものであること。

②その金銭を相続税の申告書の提出期限までに支出すること。

③その公益信託が教育や科学の振興などに貢献することが著しいと認められる一定のものであること。

（4）特例の適用除外

次の場合はこれらの特例が適用できません。

①寄附を受けた日から2年を経過した日までに特定の公益法人又は特定の公益信託に該当しなくなった場合や特定の公益法人がその財産を公益を目的とする事業の用に使っていない場合。

②寄附又は支出した人あるいは寄附又は支出した人の親族など
の相続税又は贈与税の負担が結果的に不当に減少することと
なった場合。

例えば、財産を寄附した人又は寄附した人の親族などが、寄附
を受けた特定の公益法人などを利用して特別の利益を受けている
場合は、これに該当することになります。

(5) 特例の適用手続

相続税の申告書に寄附又は支出した財産の明細書や一定の証明
書類を添付することが必要です(相続税の申告書の第14表が寄附
又は支出した財産の明細書になっています)。

Q. 相続が発生した場合において、相続する人が未成年である場合には、相続税額から一定の税額控除があると聞きましたが本当でしょうか？また、他に税額控除はあるのでしょうか？

A. 　相続する人が未成年者であるときは、未成年者控除の適用があります。その他、下記の場合には相続税の税額控除が適用され、適用を受ける者の相続税額から一定の控除があります。

（1）相続税の税額控除とは

　相続により財産を取得した人と一口に言っても、その状況はさまざまです。たとえば未成年の方や、同じ財産を取得して外国でも相続税に相当する税金がかかった方など。このように、その状況により一定の税額の軽減をしてくれるのが、相続税の税額控除といわれる制度で以下のものがあります。

・贈与税額控除

・配偶者に対する相続税額の軽減

・未成年者控除

・障害者控除

・相次相続控除

・外国税額控除

　配偶者に対する相続税額の軽減については、相続税の基礎知識のところで解説していますので、ここでは割愛いたします。

（2）相続開始前３年以内の 贈与財産にかかる贈与税

　相続又は遺贈により財産を取得した人が、被相続人からその亡くなる前３年以内に贈与を受けた財産があるときには、贈与を受けた財産の贈与時の価額を、贈与を受けた人の相続税の課税価格に加算し、相続税の課税の対象となります(生前贈与加算)。この場合、その加算された贈与財産の価額に対応する贈与税の額については、相続税と贈与税の二重課税の問題が発生するため、その贈与税の額を相続税の額から控除することができます。

（3）相続人の中に未成年者がいると 相続税が安くなる

　相続人の中に18歳未満（※）の未成年者がいるときは、未成年者控除により相続税の額から一定の金額が控除されます。未成年者控除の適用を受けられるのは次のすべてに当てはまる人です。

※令和４年４月１日以降は成年年齢は18歳

①日本国内に住所がある人

  ※日本国内に住所がなくても、「日本国籍をもっており、かつ相続開始前10年以内に日本国内に住所をもっていたことがある人」など、一定の人は適用可。

②法定相続人であること

③18歳未満であること

  【控除額】

  (18歳—相続開始時の年齢)×10万円

  年数の計算にあたり、1年未満の期間があるときは切り上げて1年として計算します。

(4) 障害者控除とは

  相続人の中に障害者の方がいるときは、障害者控除により相続税の額から一定の金額が控除されます。障害者控除の適用を受けられるのは次のすべてに当てはまる人です。

①日本国内に住所がある人

  ※一時居住者でかつ、被相続人が外国人被相続人または非居住被相続人である場合を除きます。

②法定相続人であること

③一般障害者又は特別障害者であること

  なお、一般障害者と特別障害者の違いにより、控除される税額に違いがあります。

    イ、一般障害者とは

      ・身体障害者手帳の障害の程度が、3級から6級の者

      ・精神保健指定等の判定により知的障害者と判定された者等

【控除額】

(85歳—相続開始時の年齢)×10万円

ロ、特別障害者とは

・身体障害者手帳の障害の程度が、1級又は2級の者

・精神障害者保健福祉手帳に障害等級が1級であると記載されている者等

【控除額】

(85歳—相続開始時の年齢)×20万

　なお、年数の計算に当たり、1年未満の期間があるときは切り上げて1年として計算します。

(5) 短期間に相続が発生した場合

　10年以内に2回以上の相続が続いて発生したときは、税負担の調整を図るために、「相次相続控除」という特例があります。この特例は、10年以内に2回以上の相続があった場合には、前の相続において課税された相続税額のうち、1年に付き10％の割合で逓減した後の金額を後の相続に係る相続税額から控除しようとするものです。年数が経過するにつれて、控除税額は少なくなります。相次相続控除の適用を受けられるのは次のすべてに当てはまる人です。

①被相続人の相続人であること

②その相続の開始前10年以内に開始した相続により、被相続人が財産を取得していること

③その相続の開始前10年以内に開始した相続により取得した財産について、被相続人に対し相続税が課税されていること

なお、この制度の適用対象者は相続人に限定されています。したがって相続を放棄した者については適用がありません。

(6) 外国にある財産を取得した場合の税額控除

　外国にある財産を取得し、その財産についてその所在地国の相続税に相当する税が課税されているときは、日本と外国とで二重課税となるため、日本の相続税額から、その相続税に相当する税額の一部が控除されることとなります。この外国税額控除の適用を受けられるのは次のすべてに当てはまる人です。

①相続又は遺贈により財産を取得したこと
②①により取得した財産は外国（法施行地外）にあること
③①により取得した財産について、その外国における相続税に相当する税が課税されていること
　　【控除額】
　　いずれか少ない金額
　　イ、外国で支払った相続税に相当する税
　　ロ、相続税の額×外国にある財産の金額÷相続人の相続財産の額

Q. 贈与税の暦年課税制度とは どのような制度ですか?

A.
　1年間（1月1日から12月31日）に贈与を受けた財産の価額の合計額を基に、贈与税を計算する制度です。

（1）贈与税（暦年課税制度）の趣旨

　贈与税は、個人から贈与により財産を取得した者にかかる税金です。

　相続や遺贈により財産を取得した場合には、その財産について相続税が課税されます。しかし、被相続人が生前中、配偶者や子供などに財産を贈与すれば、その分相続財産が減少して、本来負担すべき相続税より少ない税負担で済むことになり、生前中に財産を分散した場合とそうでない場合とでは、税負担に著しい不公平が生ずることになります。

　贈与税は、このような生前贈与による税負担の不公平・相続税回避を防止する目的があり、相続税を補完する意味を持つため、相続税に比べて課税ラインが低く、また、税率もその累進度合が高く定められています。

（2）暦年課税制度の課税方式

　暦年課税方式による贈与税の課税は、その年の1月1日から12月31日までの1年間に贈与を受けた財産の合計額から、110万円の基礎控除を差し引いた金額に税率を乗じることにより計算します。

　贈与税の基礎控除は贈与税の申告書の提出の有無に関係なく認められますので、その年中に贈与により取得した財産の価額の合計額が110万円以下であれば贈与税は課税されません。

　つまり、贈与を受けた金額が110万円以下であれば、申告は不要ということになります。

（3）「一般贈与財産」と「特例贈与財産」

　平成27年以降より贈与税の税率は、「一般贈与財産」と「特例贈与財産」に区分されました。

　「特例贈与財産」とは、贈与を受けた年の1月1日において18歳以上の子や孫が、直系尊属（父母や祖父母など）から贈与された財産のことを言い、「一般贈与財産」とは「特例贈与財産」に該当しない贈与財産を言います。「一般贈与財産」には例えば、兄弟間、夫婦間、未成年の子への贈与などが挙げられます。

　「特例贈与財産」は「一般贈与財産」よりも税率が低く設定されており、具体的には次の税率表の通りになっています。

(4) 贈与税（暦年課税制度）の税率表

〈一般贈与財産用〉（一般税率）

基礎控除後の 課税価格	税率	控除額
200万円以下	10%	－
300万円以下	15%	10万円
400万円以下	20%	25万円
600万円以下	30%	65万円
1,000万円以下	40%	125万円
1500万円以下	45%	175万円
3,000万円以下	50%	250万円
3,000万円超	55%	400万円

〈特例贈与財産〉（特例税率）

基礎控除後の 課税価格	税率	控除額
200万円以下	10%	－
400万円以下	15%	10万円
600万円以下	20%	30万円
1,000万円以下	30%	90万円
1,500万円以下	40%	190万円
3,000万円以下	45%	265万円
4,000万円以下	50%	415万円
4,500万円超	55%	640万円

(5) 計算式

その年分の贈与税の課税価格－基礎控除

＝差引残額（千円未満切捨）

差引残額×税率＝贈与税額（百円未満切捨）

※例①　贈与を受けた年の1月1日において18歳未満の子が親
　　　から現金500万円の贈与を受けた場合。（一般税率）
5,000,000円－1,100,000円＝3,900,000円（千円未満切捨）
3,900,000円×20％－250,000円＝530,000円（百円未満切捨）

例②　贈与を受けた年の1月1日において18歳以上の子が親か
　　　ら現金500万円の贈与を受けた場合。（特例税率）
5,000,000円－1,100,000円＝3,900,000円（千円未満切捨）
3,900,000円×15％－100,000円＝485,000円（千円未満切捨）

（6）申告及び納付

　贈与税の申告と納付は、贈与を受けた人が、贈与を受けた年の
翌年の2月1日から3月15日までにすることになっており、申告
書の提出先は、贈与を受けた人の住所を所轄する税務署となって
います。

（7）贈与税（暦年課税制度）と相続税の関係

　贈与税暦年課税制度による贈与財産は、相続で財産を取得した
人が、被相続人から受けた相続開始前3年以内の贈与財産に限り
相続税の課税価格に加算されます。

（8）暦年課税による生前贈与の
　　加算対象期間の延長等

　令和6年1月1日以後の贈与財産については、加算対象期間が
3年以内から7年以内に延長されます。
　なお、延長された4年間に取得した贈与財産については、その

財産の価額の合計額から１００万円を控除した残額が相続税の課税価格に加算されます。

〈加算対象期間〉

贈与者の相続開始日	加算対象期間
令和６年１月１日～令和８年１２月３１日	相続開始前３年間
令和9年1月1日～令和12年12月31日	令和6年1月1日～相続開始日
令和13年1月1日～	相続開始前7年間

Q. 贈与税の相続時精算課税制度とは どのような制度ですか?

A. 　60歳以上の父母または祖父母から18歳以上の子または孫へ贈与をした場合に選択できる贈与税の制度です。この制度を選択した場合、贈与した父母または祖父母が亡くなった場合には、この贈与した財産はその父母または祖父母の相続財産に加算され、その結果計算された相続税から支払い済みの贈与税を精算するという仕組みになっているため、贈与と相続を一体化させた制度と言われています。

(1) 制度の概要

　この制度を利用した贈与では、累計で2,500万円まで非課税、2,500万円を超える部分については一律20%の税率で贈与税が課税されます。暦年課税制度では、相続開始前3年以内の贈与財産(注1)を除き、相続財産に加算されることはありませんが、その制度により贈与した財産はすべて相続財産に加算されます。その時加算される金額は、贈与時の時価です。

(注1)令和6年1月1日以後の贈与財産については7年以内。延長された4年間に取得した贈与財産については、その財産の価額の合計額から100万円を控除した残額。なお、令和6年1月1日

以後の相続時精算課税制度に係る贈与については、その年中に贈与により取得した財産の価額の合計額から暦年課税の基礎控除とは別に、110万円の基礎控除が控除されることになります。同一年中に、2人以上の特定贈与者からの贈与により取得した場合の基礎控除額110万円は、特定贈与者ごとの贈与税の課税価格で按分することになります。また、相続税の課税価格に加算される令和6年1月1日以後に贈与により取得した財産の価額は、基礎控除額を控除した後の残額となります。

贈与時

2,500万円までは非課税 ※1

暦年で2,500万円まで使いきる必要はなく、多年にわたって使うことができます。

2,500万円超えたら20%の贈与税

金額の多寡には関係ありません。

※1　令和6年1月1日以後の贈与については基礎控除あり

相続時

相続財産 ＋ 相続時精算課税制度の適用を受けた贈与財産 ※2

に相続税が課税され

相続税 ー 既に支払った贈与税 ＝ 納付する相続税

※2　令和6年1月1日以後の贈与財産については基礎控除額を除く

(2) 適用対象者

贈与者　贈与した年の1月1日現在60歳以上の父母または祖父

受贈者　贈与を受けた年の1月1日現在18歳以上の者のうち、贈与者の直系卑属（子や孫）であり推定相続人又は孫

（3）適用対象となる贈与財産

贈与する財産の種類、金額、贈与回数に制限はありません。

（4）手続方法

この制度の選択適用を受けようとする子や孫は、最初の贈与を受けた年の翌年2月1日から3月15日までに、「相続時精算課税選択届出書」と受贈者の戸籍謄本（受贈者の氏名、生年月日、受贈者が贈与者の推定相続人であることが分かる書類）を添付して贈与税の申告書（注2）を提出することにより、この制度を選択適用することができます。

また翌年以降の贈与税の申告では添付書類は不要ですが、累計2,500万円まで課税されないとしても、必ず贈与税の申告（注3）をする必要があります。

（注2）令和6年1月1日以後については、贈与税の申告書を提出する必要がない場合（基礎控除額以下の場合）は、この届出書を単独で提出することになります。

（注3）令和6年1月1日以後は基礎控除額以下の贈与については、申告をするは必要ありません。

(5) 適用の期間

　最初にこの制度を選択するために (4) の手続をした場合、贈与者である父母または祖父母が亡くなるまでこの制度は継続されます。言い換えれば、一度選択するとこの制度を撤回することは二度とできないということです。

(6) 暦年課税制度との関係

　この制度を一度選択すると、その選択をした父母または祖父母 (贈与者) からの贈与については、従来の暦年課税制度による贈与税の申告はできません。ただし、この制度は受贈者が贈与者ごとに選択できますので、選択をしていない他の者からの贈与については暦年課税により計算することとなります。

(7) メリットとデメリット

　2,500万円まで (注4) は贈与税の納税なしに贈与が可能なことや、価値が値上がりしそうな財産を贈与することで結果的に相続税を抑えられるというメリットがある反面、注意事項もあります。

　価値が値下がりする財産の場合は、相続まで待っていれば価値が下がった財産を、価値が下がる前に贈与をしてしまうと、後で相続税の負担が重くなってしまいます。また、相続税申告の際に加算することを忘れてしまった場合、延滞税や加算税を納めなければいけないケースもあります。

　一度選択をすると変更ができない制度ですので、慎重な検討が必要です。

(注4)　令和6年1月1日以後については基礎控除額を含む

Q. 父と母の両方から贈与を受けたいと思っています。２人から贈与をうける場合の「相続時精算課税制度」の適用関係はどうなりますか？

A. 　父、母ごとにそれぞれ「相続時精算課税制度」と「暦年贈与課税制度」を選択することができます。両親共に同じ制度を選択しなくてもかまいません。

（1）父と母を分けて選択が可能

　「相続時精算課税制度」の要件は、贈与を受けた年の１月１日において60歳以上の父母または祖父母から18歳以上の子や孫への贈与となっています。父と母の両方とも60歳以上であれば、18歳以上の子は、父、母各々ごとにこの制度を選択できます。従って、父との間では、「相続時精算課税制度」を選択し、母との間では、なんら選択しなかった場合には、母との関係は「110万円非課税枠の暦年課税」のままでいることになります。当然、逆のケースもありえます。すなわち、贈与をうける子がこの「相続時精算課税制度」の選択について父、母各々について取り決めればいいわけです。

（2）父、母の両方から
　　相続時精算課税制度の適用を
　　受けたい場合

　「相続時精算課税制度」の適用を受けたい場合は、その贈与を受けた年の翌年3月15日までの間に、贈与を受けた子が、その子の所轄の税務署へ「相続時精算課税制度選択届出書」等を贈与税の申告とともに提出（注1）することにより、この制度の適用を受けることができます。父と母の両方から同一年に贈与を受け、この制度の適用を初めて受けようとする場合は、「相続時精算課税制度選択届出書」は、当然父と母の2つの届出書の提出が必要となります。

（注1）令和6年1月1日以後については、贈与税の申告書を提出する必要がない場合（基礎控除額以下の場合）は、この届出書を単独で提出することになります。

（3）父、母のどちらか一方のみ
　　相続時精算課税制度の適用を
　　受けたい場合

　両親から同一年に贈与を受け、「相続時精算課税制度」を父のみ選択し、母からの贈与は選択しなかった場合、翌年の贈与税の申告については、次のようになります。父からの贈与については、「相続時精算課税制度」（注2）の申告書を提出し（初年度は「相続時精算課税制度選択届出書」を添付）、母からの贈与については、従来の110万円非課税枠の申告書を提出するという2種類の贈与税の申告書を提出することになります。

(注2) 令和6年1月1日以後は基礎控除額以下の贈与については、相続時精算課税制度の申告書を提出するは必要ありません。この場合は、初年度は相続時精算課税選択届出書を単独で提出することになります。

(4)「相続時精算課税制度」と 「暦年課税」を上手に利用する方法

　「相続時精算課税制度」には、贈与した人の相続財産に取り込まれるというデメリットがあります。

　一方、従来からの110万円まで非課税の暦年課税は、相続開始前3年以内の贈与（注3）を除けば、相続財産に取り込まれることがなく切り離しが可能です。（注4）相続財産を贈与によって減らすという観点からは、暦年課税を利用したほうが確実な対策といえます。（注5）

　父との間で「相続時精算課税制度」を選択すると、「暦年課税」は二度と利用できなくなります。ただ、母を利用して「暦年課税」と同じ効果を得ることは可能です。たとえば次のようなケースの場合があります。

［ケース］　父から、課税価額3,000万円の高収益のアパートと、父と息子と2人共同して経営する同族会社の株式を3,000万円贈与したいといわれている場合

父→「相続時精算課税制度」を選択し、アパートの贈与を受ける
母→「相続時精算課税制度」を選択せず、「暦年課税」

　とし、同族会社の株式は、父から母へ通常の「暦年課税」を利用して贈与し、贈与を受けた母から当該株式を息子へ、同じく「暦

年課税」を利用して贈与する。

　自社株のように将来の評価が不確実な財産について相続財産に取り込まれる「相続時精算課税制度」を利用して贈与するのは、不安が残ります。このような場合、上記のように母を利用することにより、父からの「暦年課税」と同じ効果を得ることができます。

（注3）令和6年1月1日以後の贈与財産については7年以内。延長された4年間に取得した贈与財産については、その財産の価額の合計額から100万円を控除した残額

（注4）令和6年1月1日以後の「相続時精算課税制度」の贈与についても110万円の基礎控除額まで相続財産に取り込まれることがなく切り離しが可能です。

（注5）令和6年1月1日以後は「相続時精算課税制度」の基礎控除額と暦年課税の基礎控除額を控除できるためどちらも利用した方が確実な対策といえます。父と母がどちらも相続時精算課税制度を選択した場合、又は、父と母がどちらも暦年課税を選択した場合は、基礎控除額を贈与額で按分することになりますが、父と母が相続時精算課税制度と暦年課税を別々に選択した場合はそれぞれで基礎控除額を控除することができることになります。

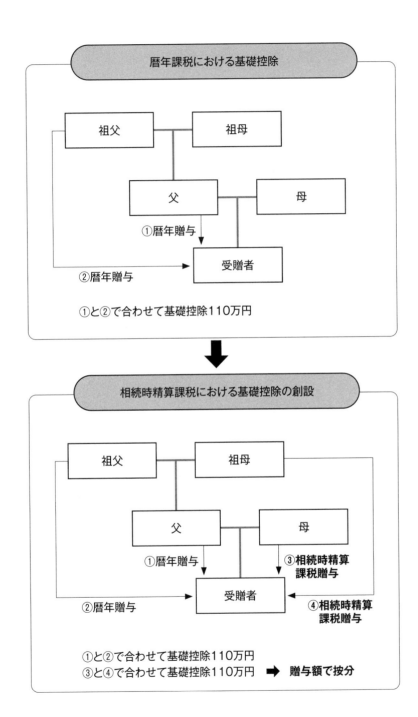

Q. 「相続時精算課税制度」を利用して「土地」を贈与する場合の方法を教えてください。また相続が発生した場合は贈与した「土地」の扱いはどうなるのかを教えてください。

A.
　「土地」を贈与する場合は、贈与する時点での「土地」の相続税評価額を計算して贈与税を計算します。相続が発生したときは、贈与したときの価額を相続財産に加算して相続税を計算します。

（1）贈与する財産の価額

　「相続時精算課税制度」を適用して財産を贈与する場合の価額は、相続税を計算するときの相続税評価額です。具体的には、「財産評価基本通達」において定められている方法により計算します。宅地を贈与する場合は、宅地の所在地により「路線価方式」又は「倍率方式」のどちらかになります。

（2）相続が発生した場合

　相続が発生した場合には、相続財産に「相続時精算課税制度」により贈与した価額を加算して相続税を計算します。この場合に加算する価額は、相続時の相続税評価額が贈与時の相続税評価額とかけ離れていても贈与の際に計算した価額となります。

「相続時精算課税制度」の適用例

【前提条件】相続人：配偶者、子供Ａ、子供Ｂの計３名

　　　　　　土地以外の相続財産：３億円

　　　　　　贈与財産：土地４千万円

　　　　　　贈与方法：父→子供Ａ

　　　　　　土地以外は法定相続分通りに取得するものとします。

★ パターン1　土地の価額が相続時に8,000万円になった場合（単位:千円）

相続人	①贈与した場合	②贈与しない場合	①－②
配偶者	0	0	
子供A	24,082	34,753	−10,671
子供B	15,706	16,816	−1,110
贈与税	3,000	0	3,000
相続税·贈与税合計	39,788	51,569	−11,781

★ パターン2　土地の価額が相続時に2,000万円になった場合（単位:千円）

相続人	①贈与した場合	②贈与しない場合	①－②
配偶者	0	0	
子供A	24,082	19,059	5,023
子供B	15,706	15,047	659
贈与税	3,000	0	3,000
相続税·贈与税合計	39,788	34,106	5,682

　土地のように贈与時の価額と相続発生時の価額が大きく変わる場合には、相続時精算課税制度を適用すると不利になるケースがあります。上記のパターン2では土地の価額が半額になった場合には、精算課税制度を利用すると総額で5,682千円（注1）も税額が増加してしまいました。この影響は、相続時精算課税制度の適用を受けなかった他の相続人にも影響を与えることになります。子供Bは、子供Aの贈与により659千円（注2）も多く相続税を納めることになってしまっています。

（注1）令和6年1月1日以後は5,366千円

（注2）令和6年1月1日以後は625千円

令和6年1月1日以後

★ パターン1　土地の価額が相続時に8,000万円になった場合（単位:千円）

相続人	①贈与した場合	②贈与しない場合	①－②
配偶者	0	0	
子供A	23,800	34,753	−10,953
子供B	15,672	16,816	−1,144
贈与税	2,780	0	2,780
相続税・贈与税合計	39,472	51,569	−12,097

★ パターン2　土地の価額が相続時に2,000万円になった場合（単位:千円）

相続人	①贈与した場合	②贈与しない場合	①－②
配偶者	0	0	
子供A	23,800	19,059	4,741
子供B	15,672	15,047	625
贈与税	2,780	0	2,780
相続税·贈与税合計	39,472	34,106	5,366

（3）民法の遺留分との関係

　民法において、相続人には遺留分（相続人が直系尊属のみの場合は3分の1、その他の場合は2分の1）という権利が定められています。この遺留分を超える贈与があった場合には、その贈与を受けた相続人に対して他の相続人は、遺留分の侵害額請求ができます。従って、生前に相続財産の多くをこの制度を利用して贈与したとしても、相続発生時に他の相続人から侵害額請求をされてしまえば、結局、贈与を受けた財産を返還するという状況も考えられます。また、この遺留分の計算上、贈与した財産の評価額は相続発生時の評価となりますので、贈与する際は、他の相続人の存在とこの遺留分という権利について併せて注意が必要です。

Q. 小規模宅地等の特例制度の対象となる居住用の宅地を所有しているのですが、相続時精算課税制度を適用し、早めに生前贈与をした方がよいのでしょうか。

A. 　相続時精算課税制度による贈与財産については、相続時に小規模宅地等の減額の特例は適用できません。相続時まで贈与せずに親が所有していた方がよいでしょう。

［ポイント］

①贈与時には小規模宅地等の減額の特例は受けられません。

②相続時にも相続時精算課税制度により、生前贈与された土地については、相続時と贈与時で利用が異なっている可能性があるため、小規模宅地等の減額の特例は受けられません。

(1) 小規模宅地等の減額の特例は 適用できません

　相続時精算課税制度において、贈与により取得した居住用宅地等及び事業用宅地等については、小規模宅地等の減額の特例は「相続又は遺贈により取得した財産」に限定されているため適用はありません。したがって、小規模宅地等の減額の特例を適用するには、相続時まで所有しておく必要があります。しかし、小規模宅地等の減額の特例の適用面積も限度（特定事業用宅地等のみの場合は400㎡、特定居住用宅地等の場合は330㎡まで等）があり、広大な事業用宅地等や居住用宅地等については、そのすべてが適用となるわけではありません。

　そこで、被相続人が所有している財産のうち、小規模宅地等の減額の特例が最大限になる財産をそれぞれ宅地等の1㎡当たりの相続税評価額で比較検討し、小規模宅地等の減額の特例を適用すべき財産を特定しましょう。その特定した財産のうち適用面積部分は小規模特例適用財産として相続時まで被相続人が保有した方が良いでしょう。

(2) 不動産で相続時精算課税制度の有効活用

　(1)で示したように被相続人が所有している財産のうち、小規模宅地等の減額の特例が最大限になる財産を特定し、小規模宅地等の特例を適用しない財産のうち収益性のある不動産などについては相続時精算課税制度を有効に活用しましょう。例えば、収益物件の贈与はどうでしょうか。収益物件を所有し続けていると、その収益分の相続財産が毎年増えることになります。そこで、相続時精算課税制度を選択し収益物件を贈与します。そうすれば不

動産の贈与に係る贈与税がかからないうえに、将来の収益は受贈者のものとなり、結果的には収益を無税で贈与したことになります。また、高額所得者が収益物件を贈与すれば所得税・住民税対策にもなります。

　また、将来の評価額アップを見込んだ物件の贈与も良いでしょう。例えば、今後の区画整理や都市開発事業のため、確実に値上がりすると思われる土地や、収用などが予定されている土地についても、相続時精算課税制度の活用の場になるでしょう。

Q. 相続時精算課税制度を適用して贈与により取得した土地を、相続税申告時に物納することはできるのでしょうか。

A.
相続時精算課税制度を適用して贈与により取得した財産は物納することはできません。

（1）物納の概要

相続税の納税は、被相続人の死亡した日の翌日から10ヶ月以内に、金銭で一括して納めることが原則ですが、特別な納税方法として延納と物納の制度があります。

延納は、金銭で一度に納付することが難しい場合に、何年かに分けて分割して納める方法です。物納は、延納によっても納付できない場合に、相続で取得した財産そのもので納める方法です。

①物納の要件

イ、延納によっても相続税を金銭で納めることが困難な状況にあることが必要です。この「金銭で納めることが困難な状況」にあるかどうかの判定は、貸付金の返済や退職金の支給といった納税者の近い将来に見込まれる金銭の収入も考慮して判定する必要があります。

ロ、土地を物納する場合、測量や隣地との境界確認等の条件整備が必要となります。

ハ、相続税の納付期限までに、金銭で納付することが困難な理由や物納しようとする財産などの所定の事項を記入した「物納申請書」等一定の書類を税務署長に提出することが必要です。

②物納できる財産

物納が許可されるためには、下記の要件を満たす財産でなければなりません。

・相続により取得した財産で日本国内にあること
・管理処分不適格財産ではないこと
・物納申請財産の種類及び順位に従っていること
・物納劣後財産に該当する場合には、物納に充てるべき適当な財産がないこと
・物納に充てる財産の価額は、原則として、物納申請税額を超えないこと

③物納の順位

物納する財産は次の順位で、上位の財産を優先して選択します。

第1順位　　①国債、地方債、不動産、船舶、上場株式
　　　　　　②不動産および上場株式のうち物納劣後財産に該当するもの

第2順位　　③非上場株式等

　　　　　　④③のうち物納劣後財産

第3順位　　⑤動産

④管理処分不適格財産とは

　管理処分不適格財産とは、物納に充てることができない財産を意味します。例えば、抵当権の目的となっている不動産、境界が明らかでない土地、共有不動産、譲渡制限株式などがあります。

⑤物納劣後財産とは

　物納劣後財産とは、他に物納に充てるべき適当な価額の財産がない場合に限り、物納に充てることができる財産を意味します。例えば、地上権が設定されている土地、接道条件を満たしていない土地などがあります。

⑥収納の価額

　物納財産を国が収納するときの価額は、原則として相続税の課税価格計算の基礎となったその財産の価額になります。

（2）相続時精算課税制度と相続税の物納

　相続時精算課税制度を適用して贈与により取得した財産は、相続税の物納をすることはできません（相法41②）。これは贈与後、相続が発生するまでにかなりの年数が経過しているケースも考えられ、贈与財産の管理・保全状況が不明確であることが理由と考えられます。

(3) 贈与税暦年課税制度と相続税の物納

　贈与税暦年課税制度による贈与財産は、相続で財産を取得した人が被相続人から受けた相続開始前3年以内（注1）の贈与財産に限り相続税の課税価格に加算（注2）されます。

　この加算された財産は、相続税の物納の対象財産になります（相基通41-5）。

（注1）令和6年1月1日以後の贈与財産については7年以内

（注2）令和6年1月1日以後は延長された4年間に取得した贈与財産については、その財産の価額の合計額から100万円を控除した残額が相続税の課税価格に加算

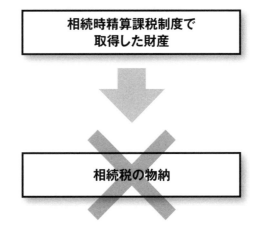

Q. 父から相続時精算課税制度の贈与により土地を取得しましたが、当該土地を相続後売却しました。この場合、相続財産を譲渡した場合の取得費加算の特例の適用はできるのでしょうか。

A. 一定の要件に該当すれば、取得費加算の特例が適用できます。

（1）取得費の概要

譲渡所得の金額は、

（土地などを売った収入金額）－（取得費＋譲渡費用）

で計算します。取得費は、土地の場合、買い入れたときの購入代金や仲介手数料などの合計額です。相続により取得した土地の場合には、被相続人が購入したときの購入代金や仲介手数料などの合計額が取得費になります。

（2）取得費加算の概要

　相続した土地等を一定期間内に売却した場合には、相続税額のうち一定の金額を、購入代金や仲介手数料などの取得費に加算できる特例です。（Q46参照）

（3）相続時精算課税制度と取得費加算の特例

　相続時精算課税制度を適用して贈与により取得した財産は、要件を満たしていれば取得費加算の特例の対象になります。

（4）贈与税暦年課税制度と取得費加算の特例

　贈与税暦年課税制度による贈与財産は、相続で財産を取得した人が被相続人から受けた相続開始前3年以内（注1）の贈与財産に限り相続税の課税価格に加算（注2）されます。

　この加算された財産は、要件を満たしていれば取得費加算の特例の対象になります。

（注1）令和6年1月1日以後の贈与財産については7年以内

（注2）令和6年1月1日以後は延長された4年間に取得した贈与財産については、その財産の価額の合計額から100万円を控除した残額が相続税の課税価格に加算

相続時精算課税制度で取得した財産		取得費加算の特例可能

Q. 相続時精算課税制度を選択した場合、どのような財産を生前贈与すると効果があるのでしょうか?

A. 「収益物件」や「値上がりする可能性の高い財産」などが挙げられます。

(1) 生前贈与する効果のある財産は

相続時精算課税制度を選択した場合において、取得した財産を相続時において贈与時の価額により相続財産に合算するという点に注目すれば、相続時精算課税制度で贈与した財産が相続時までに評価が増加した場合には有利となり、減少した場合には不利となることが分かります。また、親が子に収益を生む財産を贈与することも、将来の親の財産の肥大化を防ぎ、相続税の負担を軽減することができます。

以上のことから、(2)以降具体的に見ていきたいと思いますが、あくまでも有利になるかどうかは相続財産全体を把握している上でのシミュレーションが必要となるといえるでしょう。

(2) 収益物件の贈与による収益移転の効果

　生前に、例えば親が賃貸しているマンション、アパート等の収益物件を贈与すれば、そのアパート、マンション等が生む家賃等の収益は受贈者である子に帰属することとなり、本来なら、家賃収入は親の元へと入り、将来の相続財産の基となっていたものが、生前に子に移転するため、親の財産が家賃収入分肥大化することを防ぎ、相続時に相続税の負担を軽減することができます。

　ただし、贈与財産が土地、建物である場合においては、貸家建付地の評価や小規模宅地の特例などの適用関係から、生前贈与をしない方が有利となる場合もあるため、そのための税負担を比較することが必要であると考えられます。

(3) 将来値上がりする可能性の高い財産

　前述しましたように、相続時精算課税制度を選択した場合には、相続時において贈与時の価額により相続財産に取り込まれるため、将来、つまり相続時に値上がりする可能性の高い財産を生前の低い価額のうちに生前贈与をしておけば、実際の相続時の価額よりも低い価額で相続財産に取り込まれるため効果があるといえるでしょう。

　では、具体的に将来値上がりする可能性が高い財産とは、例えば、急速に業績が伸びているような法人の株式（上場株式、未上場株式を含む）や地価の値上がりしそうな土地等が挙げられます。土地については、最近では地価が値下がりするということはあっても、値上がりするということは滅多にありませんが、将来、道路ができたり、鉄道ができたりといったような開発地域については、土地の地価が上昇するといったケースもありますのでそのような土地については、生前贈与が有効かと思われます。

（4）効果的な使途の見込める財産

　効果的な使途を考えれば、様々なものがありますが、例えば、子が真剣に事業を開始するために元手資金が必要である場合に成功に導くために何らかの援助をしてあげたい場合、または、将来海外に出て働く夢を持っている子の海外留学資金を援助し、子が夢を叶えるための援助をしてあげたい場合、さらに、子に金利が高い借入金があり、高額な金利を支払っていくよりは、贈与を受けて借入金を返済した方が有利になる場合などその贈与の使いみちによって効果が得られると考えられるものについては、相続税の負担が減少するかどうかにかかわらず、生前贈与をしてもよいかと思われます。

Q. 現在私が所有している居住用不動産を妻に贈与しようと考えているのですが、贈与税について何か軽減できる方法はないでしょうか。

A. 一定の要件を満たせば、贈与税の配偶者控除（最高2,000万円）の適用を受けることができます。

（1）贈与税の配偶者控除の概要

　贈与税の配偶者控除とは、婚姻期間が20年以上の夫婦間で居住用不動産を贈与した場合又は居住用不動産を取得するための金銭を贈与した場合に、基礎控除額である110万円に加え、最高2,000万円まで贈与税の課税価格から控除（配偶者控除）できるという規定です。

　この規定の適用を受けるためには、以下の要件を満たす必要があります。

①婚姻期間20年以上の夫婦間で贈与がされていること。

　婚姻期間は、婚姻の届出があった日から贈与の日までの期間により計算されるので、入籍していない期間は婚姻期間に含まれません。また、婚姻期間に1年未満の端数がある場合は、切り捨てることとなるため、注意が必要です。

②配偶者から贈与を受ける財産は、自己が住むための居住用不動産であること。金銭の場合は、居住用不動産を取得するための金銭であることが要件となります。

③贈与を受けた年の翌年3月15日（贈与税の確定申告期限）までに、贈与により取得した居住用不動産または贈与を受けた金銭で取得した居住用不動産に、贈与を受けた者が現実に住んでおり、その後も引き続き居住する見込みであること。

④過去に同一の配偶者からの贈与で、この規定の適用を受けていないこと。

（2）居住用不動産の贈与について

　贈与税の配偶者控除の対象となる居住用不動産とは、贈与を受けた配偶者が居住するための家屋又はその家屋の敷地（借地権を含みます）で、国内にあるものをいいます。なお、居住用不動産の贈与は、居住用家屋と敷地を一括して贈与する必要はなく、居住用家屋のみを贈与する場合、居住用家屋の敷地のみを贈与する場合（敷地全体ではなく、敷地の一部の贈与でも可能です）も認められています。

　ただし、居住用家屋の敷地のみを贈与する場合には、①夫又は妻が居住用家屋を有していること、又は、②贈与を受けた配偶者と同居する親族が居住用不動産を所有していること、のいずれかの要件を満たす必要があります。

　なお、居住用家屋の敷地が借地権の場合に、配偶者から金銭の贈与を受け、底地を借地権者から購入することでも贈与税の配偶者控除の適用が認められます。

(3) 添付書類

　この規定の適用を受けるためには、次の書類を添付して贈与税の申告を行う必要があります。

①戸籍謄本又は抄本※

②戸籍の附票の写し※

③居住用不動産の登記事項証明書

　　その他の書類で贈与を受けた人がその居住用不動産を取得したことを証するもの

※①と②の書類については、贈与日から10日を経過した日以後のものが必要となってきます。

※土地・建物の登記事項証明書については贈与税の申告書に不動産番号を記載することなどにより、その添付を省略することができます。

※金銭ではなく居住用不動産の贈与を受けた場合は、上記の書類の他に、その居住用不動産を評価するために書類(固定資産評価証明書など)が必要となります。

Q. 私は父から住宅を取得するために資金の贈与を受けました。この贈与により贈与税を支払わなくてはなりませんか?

A. 直系尊属（父母、祖父母等）から住宅を取得するために資金の贈与を受けた場合でも1,000万円までは非課税となり、贈与税はかかりません。

（1）住宅取得等資金の非課税制度

令和5年12月31日までの間に直系尊属（父母、祖父母等）からの贈与により、自己の住宅用家屋の新築、取得又は増改築等に充てるための金銭（以下「住宅取得等資金」といいます）の贈与を受けた場合において、一定の要件を満たすときは、住宅取得等資金のうち、500万円（省エネ等住宅の場合は1,000万円）までの金額について、贈与税が非課税となります。

既にこの贈与税の非課税の適用を受けている場合には、既に適用を受けた金額を1,000万円から控除した残額が非課税となります。

なお、この贈与税の非課税の規定（以下「非課税制度」といいます）は、暦年課税の基礎控除（110万円）、相続時精算課税の特別控除（2,500万円）と併せて適用が可能です。

★《暦年課税を選択した場合》令和4年

住宅資金 非課税限度額	1,000万円
基礎控除	110万円

} 1,110万円
まで非課税

★《相続時精算課税を選択した場合》令和4　(注)

住宅資金 非課税限度額	1,000万円
特別控除	2,500万円

} 3,500万円
まで非課税

(注)令和6年1月1日以後は基礎控除110万円の控除あり3,610万円まで非課税

(2) 住宅用家屋の要件

(1) 新築または取得の場合の要件

①新築または取得した住宅用の家屋の登記簿上の床面積（マンションなどの区分所有建物の場合はその専有部分）が40㎡以上240㎡以下で、かつ、その家屋の床面積の2分の1以上に相当する部分が受贈者の居住の用に供されるものであること。

②取得した家屋が建築後使用されたことのない住宅用の家屋であること、または新耐震基準に適合するもの。

（登記簿上の建築日付が1982年（昭和57年）1月1日以降の家屋については、新耐震基準に適合している住宅用家屋とみなし、地震に対する安全性に係る基準に適合するものであることの証明書の取得が不要になります。）

③上記①および②のいずれにも該当しない建築後使用された

ことのある住宅用の家屋で、その住宅用の家屋の取得の日までに同日以後その住宅用の家屋の耐震改修を行うことにつき、一定の申請書等に基づいて都道府県知事等に申請をし、かつ贈与を受けた翌日3月15日までにその耐震改修によりその住宅用の家屋が耐震基準に適合することになったことにつき一定の証明書等により証明がされたもの。

(2) 増改築等の場合の要件

①増改築等後の住宅用家屋の登記簿上の床面積（マンションなどの区分所有建物の場合はその専有部分）が40㎡以上240㎡以下で、かつ、その家屋の床面積の2分の1以上に相当する部分が受贈者の居住の用に供されるものであること。

②増改築等に係る工事が、自己の所有し、かつ居住している家屋に対して行われたもので、一定の工事に該当することについて、「確認済証の写し」、「検査済証の写し」または「増改築等工事証明書」などの書類により証明されたものであること。

③増改築等に係る工事に要した費用の学が100万円以上であること。また、増改築等の工事に要した費用の額の2分の1以上が、自己の居住に用に供される部分の工事に要したものであること。

（3）非課税制度の適用を受けることができる人

非課税制度の適用をうけることができる人（以下「特定受贈者」といいます）は次の要件のすべてを満たす人をいいます。

①住宅取得等資金の贈与をした人がその特定受贈者の直系尊属で

あること。配偶者の父母（または祖父母）は直系尊属に該当し
ませんが、養子縁組をしている場合は直系尊属に該当します。

②贈与により住宅取得等資金を取得した時に国内に住所を有する
人であること。住所を有しない人であっても、贈与者が外国人
贈与者又は非居住贈与者でなければ可能です。

③住宅取得等資金の贈与を受けた年の1月1日において、特定受
贈者が18歳以上（ただし、令和4年4月1日以後の贈与につい
て適用）であって、贈与を受けた年分の所得税に係る合計所得
金額が2,000万円以下（新築等をする住宅用の家屋の床面積が
40㎡以上50㎡未満の場合は1,000万円以下）であること。

④平成21年分から令和3年分までの贈与税の申告で「住宅取得等
資金の非課税」の適用を受けたことないこと（一定の場合の除
く）。

⑤自己の配偶者、親族などの一定の特別の関係がある人から住宅
用の家屋を取得したものではないこと、またはこれらの方との
請負契約等により新築もしくは増改築したものではないこと。

⑥贈与を受けた年の翌年の3月15日までに住宅取得資金の全額
を充てて住宅用の家屋の新築等をすること。
（受贈者が「住宅用の家屋」を所有する（共有持分を有する場合も
含む）ことにならない場合は、この特例の適用を受けることは
できません。）

⑦贈与を受けた年の翌年3月15日までにその家屋に居住するこ
とまたは同日後遅延なくその家屋に居住することが確実である
と見込まれること。
（贈与を受けた年の翌年12月31日までにその家屋に居住して
いないときは、この特例の適用を受けることができないため、
修正申告が必要です。）

Q. 私は医者をしておりまして、新規開業をしようと考えています。その開業資金1億2,000万円については、父からの借入（金銭消費貸借契約）により調達することとしています。

父からの借入金に係る借入条件は次のとおりですが、このような借入を行った場合の税務上の取扱いについて教えてください。

・貸付金利…無利息
・返済方法…月額500千円返済
　　　　　（期間240ヶ月）

なお、事業計画上は、毎月の500千円の返済は可能と考えています。

A. (1) 元金の取扱い

　契約の前提となる返済期日や返済金額、返済能力等には問題はないと考えられますので、これらの諸条件を明示した金銭消費貸借契約を作成し、そのとおりに契約条件が履行されている限り、貸付金元本債権相当額の贈与はないと思われます。

(2) 無利息である金利の取扱い

　新規開業時の医院用不動産の取得資金としての借入れであり、その借入金額も1億2,000万円と多額であり、かつ借入期間も240ヶ月と相当長期間にわたることから、無利息貸付けに係る経済的な利益に対する課税を行わないとした場合は課税の公平性が保たれないものと考えられます。よって、父から子への利息相当額の贈与があったものと考えられます。

(3) 貸付金元本相当額の 贈与があったものとされる場合

　金銭消費貸借契約が成立している場合においても、その契約における具体的な返済に関する定め等がなく、借入金の返済能力がその借入者の所得等の状況からみて不合理な場合や、「ある時払いの催促無し」といった状況にある場合は、実質的に贈与があったものとして、貸付をした者からその借入をした者に対する贈与があったものとして贈与税が課税されます。

（4） 留意点

従って、親子間における金銭消費貸借契約に際しては、次のような点に注意する必要があります。

①その契約において、返済期日や月々の返済金額及び利息に関する約定等を具体的に明示すること。

②約定による月々の返済金額が、その者の所得や生活状況等を考慮して返済可能な範囲内にあると認められる金額であること。

③月々の返済等、契約条件を履行していることを銀行振込み等により具体的に証明ができること。

（5） 利息相当額の経済的な利益に対する課税関係

①贈与税が課税される場合

対価を支払わないで又は著しく低い価額の対価で利益を受けた場合において、その利益を受けた時に、その利益を受けた者が、その利益の価額に相当する金額を、その利益を受けさせた者から贈与により取得したものとみなして贈与税を課税する旨が規定されています（相法9条）。この規定において利益を受けたとは、おおむね利益を受けた者の財産の増加又は債務の減少があった場合等をいい、労務の提供等を受けたような場合はこれに含まないものとされています（相基通9-1）。

②贈与税が課税されない場合

その利益を受ける者が資力を喪失して債務を弁済することが困難である場合において、その者の扶養義務者から当該債務の弁済に充てるためになされたものであるときは、その贈与により取得したものとみなされた利息金額のうち、その債務を弁済すること

が困難である部分の金額については課税されないことになっています(相法9)。

　また、貸付金額の多少、貸付期間の長短等から総合的に判断して借主の受ける利息相当額が少額であると認められる場合や租税回避の意図がない場合、贈与税の課税を行わないとしても課税の公平が維持できると認められる場合等課税上弊害がないと認められる場合は、贈与税が課税されないものとされています(相基通9-10)。

Q. 事業承継を考える上でのポイントはありますか?

A.
事業承継を考える上での大切なポイントは、次の５つです。

(1) 後継者をどうするのか?

(2) 経営権対策をどうするのか?

(3) 株価・相続税をどうするのか?

(4) 納税資金をどうするのか?

(5) 争族対策をどうするのか?

(1) 後継者の選択

「誰に会社を引き継がせるのか?」

まず後継者を決めないことには、事業承継をスタートすることができません。子供など親族へ承継するのか、または会社をよく知る従業員に承継するのか、さらには、第三者へのM&Aを検討するのかを意思決定する必要があります。

（2）経営権対策

　事業を引き継いだ後継者が安定的に経営をしていくためには、後継者に自社株や事業用資産を集中的に承継させる必要があります。とくに自社株は、会社が意思決定する際の株主総会における議決権に影響しますので、後継者以外の子供がいる場合の遺留分などにも配慮して、いかに後継者に集中させるかが、事業承継を考える上での大きなポイントとなります。

（3）株価・相続税

　自社株の評価額が高い場合、後継者は多額の相続税を負担することになる場合があります。将来、相続が発生した際、自社株や事業用資産にかかる相続税の負担をいかにして軽減させるのかがポイントになります。

（4）納税資金

　一般的に中小企業オーナーや個人事業主の財産構成は、自社株や事業用資産が大半を占めており、これらの財産は換金性がないため、どのようにして相続税の納税資金を確保するかがポイントになります。仮にオーナーが金融資産を所有していたとしても、自社株や事業用資産の後継者への集中を考えると、後継者でない子供への配慮も考えなければなりませんので、多額の資金が必要になる場合があります。

（5）争族対策

　子供の1人を後継者として、自社株などの財産の承継を集中さ

せる場合、後継者でない子供の遺留分を侵害しないよう配慮をし、相続発生後の親族間の財産争いが生じないような資産構成にすることがポイントになります。

★ 事業承継を考える上での5つのポイント

［項目］	［事業継承を考える上でのポイント］
（1）**後継者の選択**	誰に事業を引き継がせるのか？
（2）**経営権対策**	後継者の経営権について、いかに集中・安定化させるのか？
（3）**株価・相続税**	将来、相続が発生した場合、自社株などの会社関連財産にかかる相続税をいかに合法的に圧縮するのか？
（4）**納税資金**	相続税の納税資金を、いかにして捻出するのか？
（5）**争族対策**	相続発生後の親族間の財産争いを回避するためには、どうしたら良いのか？

Q. 誰に事業を引き継がせれば良いですか?

A. 次世代の経営者となる後継者を決めるためには、内部・外部を問わず、経営者として誰が最もふさわしいのかという最高レベルの経営判断が必要です。なお、事業の承継パターンとしては次のケースが考えられます。

(1) 子供などへの親族内承継

(2) 従業員などへの親族外承継（MBO・LBO）

(3) 第三者への承継（M&A）

(1) 子供などへの親族内承継

オーナーが後継者の候補として第一に考えるのは、多くの場合は親族であり、親族の中でも子供が中心になります。この場合、考慮すべきこととして重要なポイントは、「本人に本気で継ぐ気があるか」と「経営者に向いているか」です。子供にそれらがない場合には、他の親族を後継者とすることも考えられます。また、子供が複数いる場合には、後継者以外の子供に対して、自社株や事業用資産以外の財産を承継させるなど、子供の間のバランスを取る配慮が必要になります。後継者を1人に絞れない場合には、会社を分社化することも1つの選択肢です。

（2）従業員などへの
　　親族外承継（MBO・LBO）

　親族内に後継者としての適任者がいない場合には、その会社の
事情に明るく安心感がある、例えば従業員の中でも番頭格の人に
承継させるというのも1つの方法です。今まで会社を共に運営し
てきた実績があるため、スムーズに業務を進められます。この場
合のポイントは、「役員・従業員、取引先など利害関係者の了承が
得られるか」、そして、従業員などへの承継は、MBO・LBOな
どの方法により会社の所有権を譲ることになるため、「経営権とし
ての自社株を引き受ける資力があるか」になります。

（3）第三者への承継（M&A）

　親族内や従業員などに後継者がいないとしても、従業員の雇用
維持や取引先の仕事確保を考えると、事業を廃止するわけにはい
きません。この場合、M&A（合併と買収）の方法により、会社を
外部へ売却して第三者に経営してもらうのも1つの選択肢です。
オーナーは、会社経営の悩みから解放され、売却代金をもとに悠々
自適な生活を送ることができます。この場合のポイントは、「買い
手が見つかるか」、「売買価格に折り合いがつくか」、さらには、「従
業員の雇用が継続されるのか」といったところになります。
　事前に株価や事業の評価を行い、自分の会社の価値を知ってお
くとよいでしょう。

★ 会社を誰に継がせるかのポイント

社長

**最高レベルの
経営判断が必要**

親族内承継（子供）

・ 本人に継ぐ気があるか
・ 経営者に向いているか
・ 子供が複数いる場合には
　どうするべきか

親族外承継（番頭格）

・ 会社の事情に
　明るく安心感がある
・ 利害関係者の
　了承が得られるか
・ 株式を引き受ける
　資力があるか

M&A（第三者）

・ 買い手が見つかるか
・ 売買価格に折り合いが
　つくか
・ 従業員の雇用が
　継続されるのか

Q. 後継者を育てる上での ポイントはありますか?

A. 　後継者を決定したら、次に後継者としての教育を行い経営者としての能力や自覚を築き上げなければなりません。「後継者教育に王道なし」といわれるように、後継者教育の方法や考え方は企業によって様々ですが後継者教育をする上でのポイントは次のとおりです。

(1) 後継者を社内で育てるか、社外で育てるか
(2) 後継者に必要な資質
(3) オーナーの役割
(4) 後継者にできること

(1) 後継者を社内で育てるか、 社外で育てるか

①社内で育てる

　一般的に、社内で後継者を育てるのは難しいといわれています。身内ということで甘やかしてしまったり、逆に厳しくしすぎてしまうからです。また、将来社長になることがわかっている社長の子供に対して、厳しく指導できる従業員はほとんどいません。安直に直接自社に入社されることは社内が混乱する原因となるので避けるべきでしょう。

ただし、社外で人に使われる立場にあっては習得できない知識や経験を積むために、自社内で社長の背中を見ながらマネジメントを覚えることが効果的な場合もあります。

②社外で育てる

　社外で育てるなら厳しいといわれている会社、そして、自社と同規模の会社が望ましいといえます。それは、大企業と中小企業とでは、組織における個人の役割が全く異なるからです。自社と同規模の会社であれば後継者にとっては将来のためにとてもよい勉強になります。

　ただし、このような条件の会社であっても、関連会社や取引先等の会社は避けるべきです。ちやほやされて調子に乗り、勘違いされてしまっては取り返しがつきません。

③社長の背中を見せて育てる

　社長業の辛い側面ばかりを見せてはいないでしょうか。楽しい側面、やりがいのある仕事だという側面を小さいうちから見せておくことが、後継者教育の第一歩です。

(2) 後継者に必要な資質

①カリスマ性

　確固たる経営理念を抱き、それを言葉で伝えることができるかどうかです。

②マネジメント能力

　従業員のマネジメントができることが必要になってきます。社長は、いかに自分自身が動かないで済むかを考えなければなりません。ただし、自分では動かず楽をすることばかり考えることとは違います。

③リスクマネジメント

　経営者は危険を察知できる能力が必要です。その危険に対して

適切な対応ができることもまた必要です。企業には様々なリスクが潜んでいます。

④交渉力

営業交渉などの外部に対する交渉から始まり、社内交渉など、社長にはあらゆる場面で交渉力が必要になります。円滑な人間関係が作れる能力は不可欠です。

(3) オーナーの役割

①後継者の選定は早いほうがうまくいくことが多い

経営者は仕入・製造・販売といった商売以外にも、人事労務・税務会計などの管理業務に至るまで、幅広い知識と経験が要求されます。会社業務の全体像を把握するためには、会社の各部署を経験することも必要でしょう。また、後継者の自覚を醸成するためにも時間が必要です。したがって、できるだけ早く後継者を決めて後継者教育を行うことが必要です。

後継者を選ぶ決断がなかなかできず、決断を先延ばしにしたことによって、後継者争いで社内が二分してしまい、会社が衰退してしまうケースもあるので注意が必要です。

②後継者には教育係（メンター）をつける

後継者には教育係をつけ、早い時期から仕事に関する考え方や経営者としての見方を学ばせることが望ましいでしょう。後継者が自ら教育係をつけることは考えにくいので、現経営者が教育係をつけてあげるといいでしょう。また、後継者と幹部社員との人間関係を良好に保つことは最大の難題といえますが、幹部社員を後継者の教育係にすることで人間関係がうまくいくことが往々にしてあります。

（4）後継者にできること

①総合的な人間力を磨く

　後継者は高学歴の人が多く、一般教養については身に付けている人が多いと考えられますが、経営には何よりも人間力が要求されます。人間力には思いやり、誠実性、包容力、行動力、統率力、忍耐力、決断力、創造力、バイタリティ、礼儀作法など数値化できない様々なものがあります。人間力は、人間的魅力とも言い換えられるでしょう。

②初代オーナーの苦労を知る

　初代オーナーの苦労を知り、そのおかげで今の自分があることを知ることが大切です。また、初代オーナーと苦労を共にしてきた社員達を尊敬する気持ちを決して忘れてはいけません。

③経営者は孤独、外部セミナーなどで経営者仲間をつくる

　同じ立場の2代目経営者仲間を作り、悩みを相談したり、社長の心得などについてのアドバイスをもらえるような環境を作りましょう。たとえ問題が解決されなかったとしても、同じように悩んでいる仲間がいるということを知ること自体が、孤独感を和らげてくれます。そのためには、勉強会や懇親会などの集まりに積極的に参加するとよいでしょう。

(1)"社内"における教育の例

	教育係	効果
①	**各部門をローテーションさせる** →	**経験と知識の習得**

各部門（営業・財務・労務等）をローテーションさせることにより、会社全般の経験と必要な知識を習得させる。

	教育係	効果
②	**責任ある地位に就ける** →	**経営に対する自覚が生まれる**

役員等の責任ある地位に就けて権限を移譲し、重要な意思決定やリーダーシップを発揮する機会を与える。

	教育係	効果
③	**現経営者による指導** →	**経営理念の引継ぎ**

現経営者の指導により経営上のノウハウ、業界事情にとどまらず、経営理念を承継させる。

(2)"社外"における教育の例

	教育係	効果
①	**他社での勤務を経験させる** →	**人脈の形成・新しい経営手法の習得**

人脈の形成や新しい経営手法の習得ができ、従来の枠にとらわれず、新しいアイデアを獲得させる。

	教育係	効果
②	**子会社、関連会社等の経営を任せる** →	**責任感の醸成・資質の確認**

後継者に一定程度実力が備わった段階で、子会社・関連会社等の運営を任せることにより、経営者としての責任感を植え付けるとともに、資質を確認する。

	教育係	効果
③	**セミナー等の活用** →	**知識習得、幅広い視野を育成**

後継者を対象とした外部機関によるセミナーがある。経営者に必要とされる知識全般を習得でき、後継者を自社内に置きつつ、幅広い視野を育成することができる。

〔中小企業庁『経営者のための事業承継マニュアル』を変用〕

Q. 後継者への引き継ぎ方を 教えてください。

A. 　子供など後継者へのバトンタッチには、「代表の座の移転」と「自社株などの所有権の移転」があります。そのうち自社株などの所有権の移し方については(イ)生前贈与、(ロ)親子間売買、(ハ)相続があります。この移し方によってかかる税金が変わってきますので、できるだけ早めの検討と対策が必要になります。

（1）代表の座の移転

①いきなり全権を移譲すると混乱の原因

　「代表の座の移転」とは、すなわち代表取締役としての地位を移転することですが、基本的に新しい経営者は新しいことをやりたがり、自分の独自色を出そうとするものです。したがって、いきなり全権を移譲すると、社内外に混乱を生む原因となってしまいます。

②先代社長と後継者が併走できる期間が必要

　社内外の混乱を避けるためには、先代社長と後継者が併走できる期間を設けることが必要です。先代社長がフォローすることにより、代が替わっても、社員は安心して働き続けることができ、取引先も安心して付き合いを続けることができます。

　そのためには、なるべく早く、先代経営者の影響力があるうち

に事業承継を行うことが重要です。先代が高齢になり機動的に動けなくなってからの事業承継では、しっかりとしたフォローができません。また、事業承継を行わないうちに、社長が認知症を発症してしまった場合には、重要な業務がストップし、最悪の場合は廃業へと追い込まれる可能性も出てきてしまいます。

★ 代表の座の移転における留意点

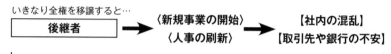

いきなり全権を移譲すると…

後継者 → 〈新規事業の開始〉〈人事の刷新〉 → 【社内の混乱】【取引先や銀行の不安】

先代社長と併走できる期間が必要

(2) 自社株などの移転

①知っておかなければならない"税金"のこと

　事業承継のためには、税金のことも知っておかなければなりません。優良な非上場会社の株式評価額は、思っている以上に高額となっていて、相続税が高いことが想定されます。相続税の最高税率が55％であることから、"相続が3代続くと財産が無くなる"とまで言われています。しかし、これは生前に有効な対策を行わなかった場合であり、早めの対策を行うことで、円滑な承継を実現することが可能になります。相続税が原因で会社を潰さないためにも、早めの対策を行いましょう。

　その対策の1つとして、後継者に自社株や事業用資産の所有権を移転する方法がありますが、その移し方は、主に以下の3つの方法があり、それぞれ課される税金の種類も異なります。

（イ）生前贈与…………贈与税がかかる（税率10％ 〜 55％）

（ロ）親子間売買…………譲渡所得税・住民税がかかる（原則税率

(ハ)相続……………………相続税がかかる(税率10% ～ 55%)

②自社株の移し方のポイント

(イ)生前贈与、(ロ)親子間売買、(ハ)相続の自社株の移し方を考える上でのポイントは次のとおりです。

(イ)生前贈与

贈与は、" 相続税の負担"と" 贈与税の負担"とのバランスを考えて実行する必要があります。また、生前贈与には、(ⅰ)暦年課税制度と、(ⅱ)相続時精算課税制度による贈与の方法があります。事業承継を考えた場合、役員退職金の支給などで、株価が下落したタイミングを逃さないことが重要です。また、将来値上がりが予想される自社株については、相続時精算課税制度を活用すると、税金対策上の効果が大きく得られるケースがあります。

しかし、生前贈与は、特別受益として遺留分減殺請求の対象になりますので、後継者以外の子供に対しては、他の財産を手当てするなどの配慮が必要です。

★ 生前贈与のメリット・デメリット

メリット	後継者は贈与税の資金調達だけで済みます。
デメリット	生前贈与は特別受益として遺留分侵害額請求の対象となります。

(ロ)親子間売買

親子間売買は、適正価額で行われれば、生前贈与のように遺留分侵害額請求の対象にはなりませんので、その意味での親族間の争いは避けることができます。

しかし、売買である以上、購入資金が必要となります。親子間での売買の場合には、相続税評価額で売買するケースが多く、

その場合、後継者に相続税評価額相当の手持ち資金があれば問題ありませんが、手持ち資金がない場合には、その資金を調達しなければなりません。

また、売却側であるオーナーにとっては、取得価額よりも売却価額が大きい場合には、売却益に対して20.315％の譲渡税（所得税15.315％・住民税5％）がかかります。

★ 親子間売買のメリット・デメリット

メリット	適正価額での売買であれば、遺留分侵害額請求の対象となりません。
デメリット	後継者は、株式の購入代金について資金調達をしなければなりません。

（ハ）相続

相続での取得の場合、遺言書などで後継者に自社株や事業用資産を相続させる旨を決めておかない限り、遺産分割協議が必要となり、後継者以外の相続人にもそれらの資産を取得する権利が生じてしまいます。したがって、この場合には、遺留分を考慮した上で、遺言書を作成することをおすすめします。

なお、相続税の税率は、最高55％の超過累進税率になりますので、ご自身の相続税をきちんと認識したうえで、生前贈与、親子間売買、または、相続のいずれの方法が、税金上、有利なのかを把握し、株式の移転時期を含め検討することが重要です。

★ 相続のメリット・デメリット

メリット	・遺産総額が相続税の基礎控除額以下であれば、税負担なく取得できます。
デメリット	・遺言がなければ、遺産分割協議成立まで株主が確定しませんので、株主総会の運営に支障をきたす可能性があります。 ・遺言がなければ、経営に関与していない相続人に株式が分散し、後継者が安定した経営権を確保できない可能性があります。 ・相続が開始した日の直前期の決算数値を基にして株価を計算しますので、直前期の業績がよかった場合には、株価が高く計算され、相続税の負担が重くなる可能性があります。

③自社株の評価額が一番低い時に移すのがポイント

　自社株の評価額は、その時の会社の業績や過去の利益の蓄積(純資産額)によって大きく左右されます。つまり、移転する時期によって評価額が大きく異なりますので、評価額がなるべく低い時期に移すのがポイントとなります。例えば、オーナーの引退に伴い退職金を支給する場合には、退職金相当額の利益が圧縮されるため、通常株価は低くなり、自社株を後継者に移す絶好のチャンスといえます。

④納税資金を考えた対策

　もう1つのポイントは、将来オーナーに万一のことがあった場合に、相続税を支払えるかどうかです。相続税は、原則として被相続人がなくなった日の翌日から10ヶ月以内に現金で一括納付をしなければなりません。自社株については、一般的に換金性がないことから、相続税の納税資金をどのように捻出するかがポイントになります。納税資金が不足する場合、発行会社に譲渡することや、金融機関からの融資、物納や延納なども視野に入れて考えなければなりません。なお、相続により取得した非上場株式を一定期間内に発行会社に譲渡した場合、一定の税金計算上の特例があります。

★ 自社株などの所有権移転における留意点

（3）オーナーと後継者の
　　事業承継におけるギャップの解消

　事業承継を円滑に行おうと思っても、些細なことでオーナーの
意見と後継者の意見とがぶつかってしまい、承継が進まないケー
スがよくあります。

　そうなってしまっては本末転倒ですので、そのギャップの解消
方法を検討してみます。

①オーナーから見た事業承継、後継者から見た事業承継

【オーナー側の意見】

○自分が築きあげてきたものを任せるにはまだまだ不安である。

○自分と同じような苦労をしていないのに、口ばかり達者で生意
　気である。

【後継者側の意見】

○既に別の会社でサラリーマンをしており、社長になりたくない。

○社長として会社を経営していく自信がない。

○引退しても先代が口うるさそうで面倒である。

②ギャップを埋めるためには？

【オーナー側に求められること】

○スムーズな事業承継のための環境を作る。

・会社の未解決問題をそのままにしない(大きな借金の存在な
どは明らかにしておく)。

・兄弟姉妹、親族争いの火種を消しきる。

○うるさく口は出さないが、目は離さず、必要な時は助言する。

【後継者側に求められること】

○独自色を出すことに固執せず、先代が作り上げてきたものに敬
意を表する。

○一人で突っ走らず、重要な問題は先代に相談する。

オーナーと後継者がともに、
それぞれの役割の違いを認識し、
お互いを尊重し合うことが重要!!

Q. 事業承継税制の背景を教えてください。

A.　自社株にかかる相続税の負担は、オーナー一族の「個人的問題」ではありません。

会社存続にかかわる問題であるため、次のような法整備がなされました。

(1)経営承継円滑化法の創設

(2)非上場株式にかかる相続税・贈与税の納税猶予制度の創設

(1) 事業承継にともなう問題

『大株主＝経営者』である中堅・中小企業においては、経営者の相続により、以下のような問題が発生し、事業の継続・発展に大きな影響を与えるといわれています。

①会社による自社株の買取り

相続税の納税資金を確保するために、後継者が保有する自社株を会社に買取らせるケースがあります。ただし、それにより会社の内部留保が流出し、設備投資資金や運転資金が逼迫する事態に陥る場合があります。

②不動産等の事業用資産の売却

多くの経営者が個人資産である不動産等を会社に貸付けています。相続税の納税資金を確保するために、後継者が相続した不動

産等を第三者に売却した場合、会社の事業継続そのものが危うくなる可能性があります。

③事前の相続対策

会社の業績が伸びるほど、株価も上昇し相続税の負担は増加します。このため、事業活動を抑制して株価を下げるという不合理な企業行動を招きかねません。また、相続税の納税資金を確保するために、高額な役員報酬や退職金を支給することも考えられますが、事業活動に影響を与えるだけでなく、他の株主や従業員の理解が得られないケースがあります。

④経営者の個人保証・担保提供

経営者が会社の借入に対して個人保証を行っていたり、会社に運転資金を貸付けていることが多くあります。このため、相続税に見合う預貯金があったとしても、現在および将来の会社経営のために、一定の預貯金を確保しておくことが、相続税の納税を困難にする一因となっています。

(2) 事業承継に関する法整備

事業承継にともなう上記のような問題に対処するために、以下のような法律が整備されました。

①経営承継円滑化法の創設（平成20年10月1日施行）

経営承継円滑化法（中小企業における経営の承継の円滑化に関する法律）において、後継者による経営権確保を支援するため、遺留分について特別の定めが規定されました。

②非上場株式にかかる相続税・贈与税の納税猶予制度の創設 （平成21年4月1日施行）

非上場株式にかかる相続税・贈与税の納税猶予制度（事業承継税制）において、後継者が取得した自社株にかかる相続税・贈与税の負担が軽減するための納税猶予制度が規定されました。

③平成25年税制改正 適用要件緩和・負担軽減・手続き簡単化
④平成30年税制改正 特例措置創設

Q. 経営承継円滑化法の概要を教えてください。

A.
　平成20年度に経営承継円滑化法が創設され、後継者による経営権確保を支援するため、遺留分について特別の定めが規定されました。この規定を活用すれば、生前贈与された自社株式について遺留分の算定基礎から除外すること等ができます。

　一定の要件を満たす後継者が、先代経営者の推定相続人全員と合意を行い、所要の手続き（経済産業大臣の確認・家庭裁判所の許可）を経ることにより、以下の遺留分に関する民法の特例の適用を受けることができます。

（1）除外合意の特例

　先代経営者の生前に、経済産業大臣の確認を受けた後継者が、遺留分権利者全員との合意内容について家庭裁判所の許可を受けることで、先代経営者から後継者へ生前贈与された自社株式その他一定の財産について、遺留分算定の基礎財産から除外できる制度です。

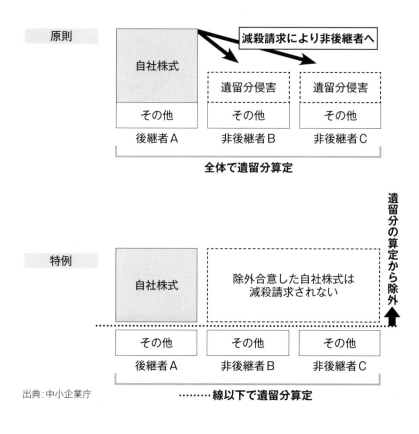

出典：中小企業庁

(2) 固定合意の特例

　生前贈与後に株式価値が後継者の貢献により上昇した場合でも、遺留分の算定に際しては相続開始時点の上昇後の評価で計算されてしまいます。このため、経済産業大臣の確認を受けた後継者が、遺留分権利者全員との合意内容について家庭裁判所の許可を受けることで、遺留分の算定に際して、生前贈与株式の価額をその合意時の評価額で予め固定できる制度です。

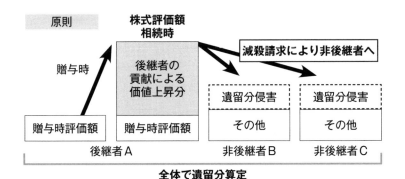

出典：中小企業庁

Q. 相続税の納税猶予に係る事業承継税制（特例措置）の概要を教えてください。

A. 自社株式の納税猶予制度には、「一般措置」と「特例措置」の2つの制度があり、特例措置については、事前の計画策定や適用期限が設けられていますが、対象となる株式の制限（総株式数の最大3分の2まで）の撤廃や納税猶予割合の引上げ（80%から100%）がされているなどの違いがあります。

相続税に係る自社株式の納税猶予制度は、被相続人および相続人に関する要件のほか、納税猶予適用後の5年間について、事業

認定対象会社の要件

○ 中小企業基本法の中小企業者であること
 （特例有限会社、持株会社も対象）
○ 非上場会社であること。
○ 資産管理会社に該当しないこと。等

※「資産管理会社」とは、有価証券、不動産、現金等の合計額が総資産の70%以上を占める会社、及びこれらの運用収入の合計額が総収入額の75%以上を占める会社です。ただし、事業実態のある会社は除きます。

対象となる中小企業者の範囲

	資本金の額 **又は**	従業員の数
製造業、建設業、運輸業、その他の業種	3億円以下	300人以下
ゴム製品製造業（自動車又は航空機用タイヤ及びチューブ製造業並びに工業用ベルト製造業を除く）		900人以下
卸売業	1億円以下	100人以下
小売業	5千万円以下	50人以下
サービス業	5千万円以下	100人以下
ソフトウェア業又は情報処理サービス業	3億円以下	300人以下
旅館業	5千万円以下	200人以下

第1章 相続税・贈与税の基礎知識

3 事業承継の基礎知識

継続要件を満たしている必要があります。したがって、この制度を適用する際には、現在の会社の状況をよく観察し、今後の会社運営に不安な材料があれば相続前に対処しておく必要があります

相続人の要件

被相続人の要件

○ 会社の代表者であったこと。
○ 被相続人と同族関係者で発行済議決権株式総数の50%超の株式を保有かつ同族内で筆頭株主であった場合。

○ 会社の代表者であること。
○ 被相続人の親族（※）であること。
○ 相続人と同族関係者で発行済議決権株式総数の50%超の株式を保有かつ同族内で筆頭株主となる場合。
○ 特例承継計画に記載された後継者であること。

※「親族」とは、①6親等以内の血族（甥、姪等）、②配偶者、③3親等以内の姻族（娘婿等）をいいます。

5年間の事業継続。具体的には
・代表者であること。
・相続人と同族関係者で発行済議決権株式総数の50%超を保有かつ、同族内で筆頭株主
・上場会社・風俗営業会社に該当しないこと。
・相続した対象株式の継続保有。

組織再編を行った場合であっても、実質的な事業継続が行われているときには認定を継続

被相続人 → **相続人（後継者）**

株式の相続

事業継続要件

5年間

会社

認定

都道府県知事

事業継続期間は毎年1回、その後は3年毎に税務署長への届出が必要。

[認定基準]
被相続人、相続人及び会社に係る要件等に該当しているか否か。

事業継続のチェック

その後は対象株式を継続保有していれば、次の場合に相続税の猶予税額を免除する。
○ 経営者が死亡した場合。
○ 会社が破産又は特別清算した場合。
○ 対象株式の時価が猶予税額を下回る中、その株式の譲渡を行った場合（ただし、時価を超える猶予税額のみ免除）。
○ 次の後継者に対象株式を一括贈与した場合。

が、さらに後継者は、相続後に安定した会社運営を継続するという覚悟も必要になります。

　後継者が、自社株式を相続により取得した場合には、その後継者の納税が100％猶予されます（平成30年度の税制改正により特例措置が創設され、従来の一般措置に比べ、要件が大きく緩和されました。従来からある一般措置は、相続前から後継者がすでに保有していた議決権株式等を含め発行済議決権株式総数の2/3に達するまでの部分について80％を猶予）。【特例措置の適用期限は令和9年12月31日まで】

Q. 贈与税の納税猶予に係る事業承継税制（特例措置）の概要を教えてください。

適用対象者の要件

既に後継者が所有している分も含めて
発行済議決権株式総数の
100％適用可能

先代経営者

［相続の場合］
・会社の代表者であったこと。
・先代経営者と同族関係者で発行済議決権株式総数の50％超の株式を保有し、かつ同族内で筆頭株主であった場合。

相続時精算課税制度との併用

後継者が贈与税の納税猶予制度の適用を受けている場合であっても、後継者を含む推定相続人は相続時精算課税制度を利用可能。

A. 　贈与税に係る自社株式の納税猶予制度は、贈与者については代表者を退任する必要がありますが、有給の取締役として残ることは可能です。

　先代経営者保有の対象株式を一括で贈与により取得した場合には、猶予対象株式等の贈与にかかる贈与税の全額の納税が猶予されます（後継者が既に保有している議決権株式を含め発行済議決権株式総数の2/3に達するまでの株数を一括で贈与する必要があります）

　贈与後の後継者の株数が2/3に達しない時にはせん断経営者の保有株数全ての贈与が必要です。

株式の一括贈与

後継者

[相続の場合]
・会社の代表者であること。
・先代経営者の親族であること。
・後継者と同族関係者で発行済議決権株式総数の50％超の株式を保有し、かつ同族内で筆頭株主となる場合。
・特例承継計画に記載された後継者であること。

[一括贈与の場合]
・上記要件のほか、18歳以上、かつ役員就任から3年以上経過していること。

[一括贈与の場合]
・上記要件のほか、代表者を退任すること。

〈例〉
発行済議決権
株式総数の
100％を
一括贈与した場合

先代経営者　──一括贈与──▶　後継者

相続時
精算課税制度の
利用が可能

Q. 相続税・贈与税の 納税猶予制度の流れを 教えてください。

A. 各関係機関への申請や報告等が必要となります。また、一定の要件を満たした場合には、「贈与税の納税猶予」から「相続税の納税猶予」へ切り替えが可能となります。

(1) 納税猶予制度(特例措置)の流れ

①	②
認定経営革新等支援機関(※)からの指導・助言を受け、後継者や承継時までの経営見直し、承継後5年間の事業計画等を記載した特例承継計画を作成。(支援機関による所見の記載も必要) ※中小企業者支援に係る実務経験等が一定レベル以上と国が認定した金融機関、税理士、公認会計士、弁護士、商工会議所等。	2023年3月31日までに特例承継計画を都道府県に提出(確認申請)。2027年12月31日までに贈与・相続により自社の株式等を取得したあと、経営承継円滑化法の認定申請(※)を行う。 ※認定申請の期限 贈与税:贈与日の翌年の1月15日 相続税:相続開始日翌日から8ヶ月を経過する日

▶

③

贈与税・相続税の申告期限
（※）までに納税猶予税額及び
利子税の額に見合う担保（納
税猶予の対象となる非上場株
式等）を税務署に提供すると
ともに、贈与税・相続税の申
告を行う。〔認定書等の添付〕
※申告期限
贈与税：贈与日の年の翌年の
　　　　３月15日
相続税：相続開始日翌日から
　　　　10ヶ月を経過する
　　　　日

▶

④

③の贈与税・相続税の申告
期限後５年間は毎年１回、税
務署長への届出（継続届出書
の提出）・都道府県知事への
報告（年次報告書の提出）が
必要。５年経過後は３年毎に
１回、税務署長への届出が必
要。

（2）「贈与税の納税猶予」から「相続税の納税猶予」への切り替え

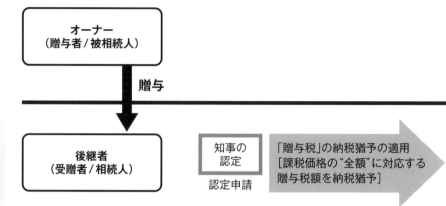

2018年1月1日から2027年12月31日までの10年の間に後継者が
取得する発行済議決権株式等の全てについて適用可能

(1)(2)いずれも2021年度「事業承継の安心手引」より抜粋

オーナーの
死亡により
相続が発生

	(1)		(2)
	贈与税の 猶予税額の免除	＋	相続税の課税

知事の
認定

切替確認申請

「相続税」の納税猶予の適用
[課税価格の"全額"に対応する相続税額を納税猶予]

特例措置で贈与税の納税猶予を受けている場合は、贈与者の相続の発生が
2028年1月1日以降でも、当該相続税については特例措置が適用される

42 相続税の納税猶予の計算方法

Q. 相続税の納税猶予の計算方法について教えてください。

A. 相続税の納税猶予額の計算は、後継者が、対象となる株式のみを相続したものとして行います。納税猶予制度の適用により、後継者以外の相続人の税額には影響を与えることはありません。

相続税の猶予税額の計算は、次の流れで計算していきます。

★（1）相続税の猶予税額の計算　〜特例措置の場合〜

ステップ**1**

課税価格の合計額にもとづいて掲載んした相続税の総額のうち、後継者の課
税価格に対応する相続税を計算します。

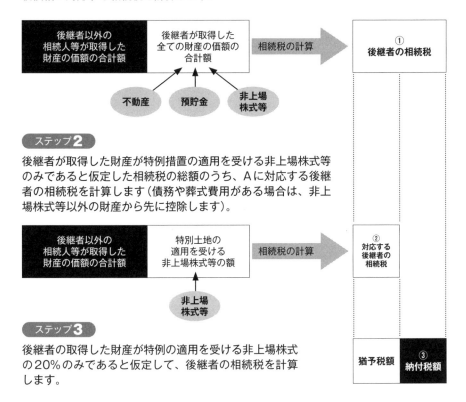

ステップ**2**

後継者が取得した財産が特例措置の適用を受ける非上場株式等
のみであると仮定した相続税の総額のうち、Aに対応する後継
者の相続税を計算します（債務や葬式費用がある場合は、非上
場株式等以外の財産から先に控除します）。

ステップ**3**

後継者の取得した財産が特例の適用を受ける非上場株式
の20％のみであると仮定して、後継者の相続税を計算
します。

※一般措置の場合は後継者が取得した財産が、非上場株式の20％のみであると仮定した場合の相続税
　を算出し、その税額を非上場株に対する後継者の相続税から控除した残額が猶予税額となります。

〔国税庁「非上場株式等についての贈与税・相続税の納税猶予、免除（法人版事業承継税制）のあらまし
令和3年5月」より抜粋〕

Q. 以下のそれぞれのケースで、それぞれの財産は日本の相続税の申告対象になりますか? なお、被相続人、相続人ともに国籍は日本です。

(1) 被相続人父(日本在住)、
　　相続人子(日本在住)、
　　相続財産(イギリスの不動産)

(2) 被相続人父(日本在住)、
　　相続人子(アメリカ在住)、
　　相続財産(アメリカの不動産)

(3) 被相続人父(ドイツ在住)、
　　相続人子(日本在住)、
　　相続財産(ドイツ不動産)

(4) 被相続人父(中国在住)、
　　相続人子(中国在住)、
　　相続財産(中国の不動産)
　　なお、父と子は10年前から
　　中国に在住している。

A.

(1) 対象となる

(2) 対象となる

(3) 対象となる

(4) 対象とならない

(1) 納税義務者の範囲

①居住無制限納税義務者

相続又は遺贈（死因遺贈を含みます。以下同じ）により財産を収録した次に掲げる者であって、その財産を取得した時において日本国内に住所を有する者

(a) 一時居住者でない個人

(b) 一時居住者である個人（当該相続又は遺贈に係る被相続人（遺贈した者を含む。以下同じ）が外国人被相続人又は非居住被相続人である場合を除く）

②非居住無制限納税義務者

相続又は遺贈により財産を取得した時において日本国内に住所を有しない者

(a) 日本国籍を有する個人であって次に掲げるもの

  イ　当該相続又は遺贈に係る相続の開始前10年以内のいずれかの時において相続税法の施工地に住所を有したいたことがある者

  ロ　当該相続又は遺贈に係る相続の開始前10年以内のいずれの時においても相続税法の施工地に住所を有していたことがない者（当該相続又は遺贈に係る被相続人が外国人被相続人又は非居住被相続人である場合を除く）

(b) 日本国籍を有しない個人（当該相続又は遺贈に係る被相続人が外国人被相続人又は非居住相続人である場合を除く）

※「日本国籍を有する個人」には、日本国籍と外国国籍の両方の国籍を持つものが含まれます。

※「一時居住者」とは、相続開始の時において、出入国管理及び難民認定法別表第一の在留資格で滞在している者で、相続開始前15年以内において日本国内に住所を有していた被相続人をいいます。

※「外国人被相続人」とは、相続開始の時において、在留資格を有し、かつ、日本国内に住所を有していた被相続人をいいます。

※「非居住被相続人」とは、相続開始の時において日本国内に住所を有していなかった非相続人であって相続開始前10年以内のいずれかの時において日本国内に住所を有していたことがあるもののうちそのいずれかの時においても日本国籍を有していなかったもの又は相続の開始前10年以内のいずれの時においても日本国内に住所を有していたことがないものをいいます。

③居住制限の税義務者

相続又は遺贈により日本国内にある財産を取得した個人で、その財産を取得した時において日本国内に住所を有する者

④非居住制限納税義務者

相続又は遺贈により日本国内にある財産を取得した個人で、その財産を取得した時において相続税法の施工地に住所を有しない者

(2) 課税される財産の範囲

財産が日本国内にあるか、日本国外にあるかによって、課税される財産の範囲が異なります。

①居住無制限納税義務者

国内・国外全ての財産に相続税がかかります。

②非居住無制限納税義務者

国内・国外全ての財産に相続税がかかります。

③居住制限納税義務者

国内の財産のみに相続税がかかります。

④非居住制限納税義務者

国内の財産のみに相続税がかかります。

★ 納税義務者の範囲（特定納税義務者を除く）

相続人・受遺者・受贈者／被相続人 贈与者		国内に住所あり	国内に住所なし		
		一時居住者※1	日本国籍あり		日本国籍なし
			10年以内に国内に住所あり	10年を超えて国内に住所なし	
国内に住所あり		居住無制限納税義務者	居住無制限納税義務者	非居住制限納税義務者	非居住制限納税義務者
	外国人被相続人※2 外国人贈与者※2	居住制限納税義務者		非居住制限納税義務者	非居住制限納税義務者
国内に住所なし	10年以内に国内の住所あり	居住無制限納税義務者	居住無制限納税義務者	非居住制限納税義務者	非居住制限納税義務者
	非居住被相続人※3 非居住贈与者※3	居住制限納税義務者		非居住制限納税義務者	非居住制限納税義務者
	10年以内に国内に住所なし				

※1 出入国管理及び難民認定法別表第1の在留資格で滞在しているもので、相続の開始前15年以内において日本国内に住所を有したいた期間の合計が10年以下の者
※2 出入国管理及び難民認定法別表第1の在留資格で滞在している者
※3 日本国内に住所を有していた期間、日本国籍を有していない者
〔国税庁 税大講本「相続税」令和4年より抜粋〕

Q. 相続税の申告をするにあたって、被相続人が所有していた海外にある不動産についても申告する必要があるのでしょうか?

A.　海外にある財産を相続した場合には、その相続人が居住無制限納税義務者又は非居住無制限納税義務者に該当するのであれば海外にある財産についても申告する必要があります。

　財産の所在地はそれぞれの財産ごとに定められています。

（1）財産の所在地

　次に掲げる財産の所在については、それぞれの場所によるものとされています。

[財産の種類]	[所在等]
動産又は不動産（不動産の上に存する権利を含む）	その動産又は不動産の所在
船舶又は航空機	その船舶又は航空機の登録をした機関の所在
鉱業権若しくは租鉱権又は採石権	鉱区又は採石場の所在
漁業権又は入漁権	漁場に最も近い沿岸の属する市町村又はこれに相当する行政区画
金融機関に対する預金、貯金、積金又は寄託金で政令で定めるもの	預金、貯金、積金又は寄託金の受入れをした営業所又は事業所の所在
保険金	保険の契約に係る保険会社等の本店又は主たる事務所の所在
退職手当金、功労金その他これらに準ずる給与	当該給与を支払った者の住所又は本店若しくは主たる事務所の所在
貸付金債権	債務者（債務者が2以上ある場合においては、主たる債務者とし、主たる債務者がないときは政令で定める一の債務者）の住所又は本店若しくは主たる事務所の所在
社債（特別の法律により法人の発行する債券及び外国法人の発行する債券を含む）若しくは株式、法人に対する出資又は政令で定める有価証券	当該社債若しくは株式の発行法人、当該出資のされている法人又は当該有価証券に係る政令で定める法人の本店又は主たる事務所の所在
法人税法第2条第29号（定義）に規定する集団投資信託又は同条第29号の2に規定する法人課税信託に関する権利	これらの信託の引受けをした営業所、事業所その他これらに準ずるものの所在
特許権、実用新案権、意匠権若しくはこれらの実施権で登録されているもの、商標権又は回路配置利用権、育成者権若しくはこれらの利用権で登録されているもの	登録をした機関の所在
著作権、出版権又は著作隣接権でこれらの権利の目的物が発行されているもの	発行する営業所又は事業所の所在
相続税法第7条の規定により贈与又は遺贈により取得したものとみなされる金銭	みなされる基因となった財産の種類に応じ、相続税法第10条に規定する場所
上記に掲げる財産を除くほか、営業所又は事業所を有する者の当該営業所又は事業所に係る営業上又は事業上の権利	営業所又は事業所の所在
国債又は地方債	この法律の施行地にあるものとし、外国又は外国の地方公共団体その他これに準ずるものの発行する公債は、当該外国にあるものとする
上記以外の財産	当該財産の権利者であった被相続人又は贈与をした者の住所の所在による

（2）判定の時期

上記（1）に掲げる財産の所在の判定は、その財産を相続又は遺贈により取得した時の現況により判定します。

（3）外国税額控除

相続又は遺贈により国外にある財産を取得した場合において、その所在地国の法令により日本の相続税に相当する税が課されたときは、二重課税を防止するため、相続税額からその所在地国の法令により課せられた相続税に相当する税を控除することになります。

ただし、その控除する金額が次の算式により計算した金額を超えるときは、その超える部分の金額は控除されません。

$$\text{日本の相続税} \times \frac{\text{国外財産の価額}}{\substack{\text{相続又は遺贈により取得した財産の価額のうち} \\ \text{課税価格計算の基礎に算入された金額}}}$$

Q. 相続税の申告をするにあたって、アメリカにも財産があった場合はどのような手続きが必要ですか?

A. プロベイト(検認)という方法により相続手続きを進めていきます。

(1) プロベイト(検認)手続

　日本に所在する財産は、遺言又は遺産分割協議による話し合いにより手続きが進められ、相続登記により当該財産の取得者が決定します。従って相続人の間での争いがない限り裁判所の手続きが必要となることはありません。

　一方、アメリカに所在する財産については、プロベイト(検認)という方法により相続手続きを進めていきます。プロベイトとは裁判所の管理のもと裁判所が選んだ執行者が遺言書の有無の確認から申告納税及び相続人への財産の受け渡しまでを行う手続きをいいます。

プロベイト（検認）手続きの具体的な内容は下記のとおりです。
　①遺言書の有無の確認
　②相続人の特定
　③財産及び債務の調査・確定
　④財産の名義変更
　⑤費用の支払い・債務整理
　⑥米国遺産税等の申告・納税
　⑦残った財産の相続人への分配

　プロベイトは裁判所が手続きを進めていき、当該手続きを通じて財産内容が公開されることから、日本での親族中心の手続きとは大きく異なります。

（2）プロベイト手続きの期間

　財産の種類や遺言書の有無等により大きく異なってくるため一概には言えませんが、1年から3年程度の期間を要するケースが多いようです。早ければ5ヶ月程程度で終わる場合もあります。

（3）遺言書・遺産分割とプロベイト手続き

　遺言書の有無に関係なく、原則的にはプロベイト手続きが必要となります。また、相続人の間による遺産分割が認められるかどうかは各州により取り扱いが異なってきます。

（4）プロベイト手続きが不要な場合

　下記の場合にはプロベイト手続きが不要となる場合があります。

　　①財産が一定額以下（州により金額は異なります）
　　②生前信託の設定
　　③預金口座等に対して承継者の設定
　　④一定の要件を満たした共有名義とした場合

相続財産は日本と異なり裁判所が管理することとなります。

● 手続きの期間は1年から3年程度要するため比較的長期にわたります。

● 遺言書があったとしても裁判所の管理のもとプロベイト手続きを経る必要があります。

● 生前信託を設定することによりプロベイト手続きを経ずに相続手続きができます。生前に財産名義が信託に移っているため、信託を受けた側が主導権を握って相続手続きを進めていくことができます。

46 取得費加算

Q. 相続により取得した
財産を譲渡しましたが、
譲渡所得を計算する上で、
優遇規定はありますか?

A. 　財産を相続等により取得後、短期間内に譲渡した場合における相続税と所得税の税負担を調整するための規定として、相続税額の取得費加算が設けられています。

(1)概要

　相続により取得した財産を、一定期間内に譲渡した場合には、譲渡所得の計算上、相続税額のうち一定金額を譲渡財産の取得費に加算することができます。

(2) 適用要件

①相続や遺贈により財産を取得した者であること
②その財産を取得した人に相続税が課税されていること
③その財産を、相続開始のあった日の翌日から相続税の申告期限の翌日以後3年を経過する日までに譲渡していること

（3）取得費加算額

$$
\text{その者の}\atop\text{相続税額} \times \frac{\text{その者の相続税の課税価格の}\atop\text{計算の基礎とされた}\atop\text{その譲渡した財産の価額}}{\text{その者の}\atop\text{相続税の}\atop\text{課税価格} + \text{その者の}\atop\text{債務控除額}}
$$

※譲渡した財産ごとに計算します。

※代償分割により代償金を支払って取得した財産を譲渡した場合の取得費加算額は次の算式により計算します。

$$
\text{その者の}\atop\text{相続税額} \times \frac{\text{譲渡した}\atop\text{財産の価額B} - \text{支払代償金}\atop\text{C} \times \frac{B}{A+C}}{\underbrace{\text{その者の相続税の}\atop\text{課税価格} + \text{その者の}\atop\text{債務控除額}}_{\longrightarrow A}}
$$

（4）限度額

　この特例を適用しないで計算した譲渡益（土地、建物、株式などを売った金額から取得費、譲渡費用を差し引いて計算）の金額

（5）手続

　この特例を受けるには、下記資料を添付の上、確定申告書の提出が必要になります。

　①相続財産の取得費に加算される相続税の計算明細書

　②譲渡所得の内訳書（確定申告書付表兼計算明細書[土地・建物用]）や株式等に係る譲渡所得等の金額の計算明細書

47 税務調査

Q.1 相続税の税務調査は、いつ頃行われるのでしょうか?

A.1 通常申告書を提出した年の翌年もしくは2年後の9月から12月までに行われます。

税務署では、過去の確定申告書 (特に譲渡所得)、大口のお金の流れ等を入念に事前調査をした後に、納税者のもとに実地調査にやってきます。

Q.2 税務調査の対象となりやすいケースにはどのようなものがあるでしょうか?

A.2 次のようなケースが考えられます。

①申告書に誤りがある、資料等に不備がある場合。

②生前所得から推定して相続財産が少ない場合。

③家族名義の財産の申告がされていないと想定される場合。

④相続人、特に配偶者の財産が推定所得に比して多い場合。

⑤課税価格が3億円超等、高額の場合。

Q.3 税務調査では どのようなことを調べるのでしょうか?

A.3 メインは申告書記載の財産の確認ではなく、それ以外の財産を見つけることです。

自宅の金庫、銀行の貸金庫の中を確認したり、手帳・ノート・金融機関等のハガキ等から、申告漏れの財産がないかどうかをチェックします。

税務署のチェック項目の一例をあげます。

【不動産】

①先代名義の不動産の申告洩れはないか。

②共有不動産の申告漏れはないか。

③借地に建物を建てている場合の借地権の申告漏れはないか。

【有価証券】

長年保有の株式の場合、単元未満株式の申告漏れはないか。

①無記名債券の申告漏れはないか。

(注)調査で明らかとなった場合には、重加算税の対象となり、配偶者の税額軽減の対象にはならないので注意が必要です。

②家族名義の有価証券の申告漏れはないか。

③非上場株式・出資金の申告漏れはないか。

(例)親戚・知人が経営する法人の株式・出資金

【預貯金・現金】

①家族名義の預金の申告漏れはないか。

(注1)被相続人および相続人の過去10年分の預金通帳から家族名義の通帳に被相続人の預金が混ざっていないかどうかのチェックをします。専業主婦である妻名義の預貯金が数千万円ある場合などは、取得経緯を尋ねられます。

(注2)孫に贈与した預金でも、通帳・印鑑とも被相続人が管理し、孫が預金を使用した形跡がない場合などは、名義預金と認定されます。

②相続開始直前の引出額の申告漏れはないか。

【保険】

①契約者が相続人であるにもかかわらず、被相続人が実際には保険料を負担していた保険契約の申告漏れはないか。

②生命保険に関する権利等、保険権利の申告漏れ

【その他】

①相続開始前3年内の相続人への贈与の申告漏れはないか。

②同族法人への貸付金・未収入金等の申告漏れはないか。

Q.4 税務調査の結果、修正申告書を提出することとなった場合の税金はどのようになるでしょうか?

A.4 すでに提出した申告書の税額と修正申告税額との差額について、納税手続きを行います。なお、以下のような附帯税が課されます。

①過少申告加算税10%（期限内申告税額と50万円のいずれか多い金額を超える増差税額については15%）
②重加算税35%（無申告の場合40%）
　(注)仮装隠ぺいに該当する財産については、上記過少申告加算税に代えて重加算税が適用されます。
③延滞税　年2.4%（令和4年4月現在）
　　　　　…延滞税特例基準割合＋1%

〈第2章〉

相続・事業承継対策

1 評価引下対策

2 分割対策

3 納税対策

4 その他

Q. 私の家は昔から続く地主であり、父の所有する財産に占める不動産の割合は非常に高くなっております。将来の相続にむけて何か対策はありますか?

A. 　状況によりさまざまですが、例えば下記のような方法が考えられます。

（1）売れるものはあらかじめ売却しておく

　地主の方は、代々土地を相続してきたため、このような土地には特別な思い入れがあり、なかなか売却に踏み切れないという方もいらっしゃいます。しかし、土地には目には見えない「相続税」という借金がぶら下がっています。相続財産に占める不動産の割合が高く、金融資産が少ない場合には、納税資金のために思い切って土地を売ってしまうのも1つの手段です。相続が発生してから、売却をしようとしても、いざとなったら売却先が見つからず納税ができないことも考えられるのです。

　この場合、土地を売却した父には、譲渡にかかる所得税・住民税がかかります。税率はその土地の所有期間により違います。原則として、譲渡した年の1月1日において、所有期間が5年を超

える場合には、長期譲渡に該当し20%※（所得税15%・住民税5%）の税率となり、5年未満の場合には、短期譲渡に該当し39%※（所得税30%・住民税9%）の税率となります。

　また、土地を引き継いだ相続人が譲渡した場合には、相続開始から3年10ヶ月以内の譲渡の場合には、相続の際に払った相続税のうち土地に対応する部分の金額は、取得費に加算され、譲渡所得が少なくなります。また、長期と短期の判定においては、相続した日から譲渡日までで所有期間を判定するのではなく、亡くなった父の取得日を引き継ぐこととなります。

※平成25年から令和19年までは復興所得税として、各年分の基準所得税額の2.1％の納付が追加で必要となります。

（2）借入金により賃貸物件を建築する

　借入金により建物（賃貸物件）を建築すると一般的には評価引き下げとなります。これは、相続税における土地と建物の評価は時価や建築価額でなく、土地については路線価、建物については固定資産税評価により評価することとなるためです。

　さらに建築した物件を他人に賃貸すると、地主の権利は制限されますのでさらに一定の減額があります。以下に手持ち資金をもとに賃貸建物を建築した方の例を紹介します。

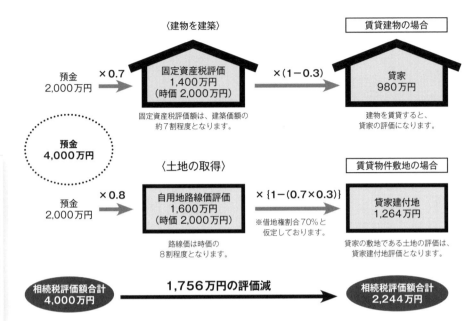

この場合、もともと4,000万円であった預金のうち、2,000万円で建築した建物については固定資産税評価により評価され、約1,400万円となります。一般的に建物の固定資産税評価については建築価格の5〜7割程度となり、さらにこの建物を他人に賃貸しますので、借地権割合30%が減額されます。

土地については路線価により評価されることとなります。この路線価は一般的に時価（公示価格）の約8割程度となっております。従いまして、2,000万円で購入した土地であっても相続税評価額は約1,600万円となります。さらにこの土地の上にある建物を賃貸していますので、この土地は貸家建付地として評価され、借地権割合が70%の場合、70%×30%（借家権割合）=21%が減額されます。

このようにして、上記の例の場合には、1,756万円評価額が下がります。借入金により土地建物を購入した場合には、借入金の分だけさらに相続財産を圧縮する効果が期待できます。

（3）小規模宅地等の特例を活用する

　被相続人の住んでいた宅地等を同居の親族等が相続し、引き続き居住し、保有する場合には、特定居住用宅地等に該当し330㎡まで80％の減額を受けることができます。しかし、相続人の中には、すでに結婚し、親とは同居せず、別の場所に一軒家を持って暮らしている方もいるかと思います。

　この場合、その方は同居親族でもなく、3年以内家なき子にも該当しないため、特定居住用の小規模宅地等の特例を受けることが難しくなります。

　そこで自宅を改修し、自宅兼賃貸併用物件を建築する方法があります。つまり、自宅で特定居住用宅地等の減額が適用できないのであれば、せめて自宅兼賃貸物件にすることにより、貸付部分については貸付事業用宅地等の減額を適用しようとするものです（事業継続・保有継続要件あり）。この場合、借入金により建築することによりさらに相続財産をより圧縮する効果があります。

　上記の方法は、積極的に資産運用をする方法といえます。他に、例えば3年以内家なき子に該当しないのであれば、相続人である息子が、自宅を賃貸に出し、貸家暮らしをしたとします。その後、3年経過した後に相続が発生した場合には、3年以内家なき子に該当することとなります（被相続人に配偶者や同居親族がいない場合※）。このように、生前から小規模宅地等の特例の要件整備をすることも相続対策の1つとなります。

※その他、保有継続要件や、過去に親族及び特別な関係にある法人が所有する建物に住んでいないこと、そうぞにん本人が住んでいる貸家を過去に所有していないこと、等の要件が「家なき子」の場合にはあります。

★ イメージ図

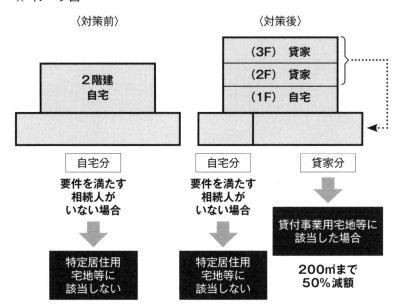

〈対策前〉　　　　　　　　　〈対策後〉

2階建 自宅	(3F)　貸家 (2F)　貸家 (1F)　自宅

自宅分	自宅分	貸家分
要件を満たす 相続人が いない場合	要件を満たす 相続人が いない場合	貸付事業用宅地等に 該当した場合
特定居住用 宅地等に 該当しない	特定居住用 宅地等に 該当しない	200㎡まで 50%減額

Q. なぜ、自社株の評価額を把握する必要があるのですか?

A. 　未上場会社のオーナーが、自社株の評価額を把握していないため、相続に際して後継者が納税資金を確保できなくなり、『相続税破産』などという状況になれば、相続人に対する影響だけでなく、会社従業員にも影響が及んでしまいます。

　自社株を承継する際には、少なからず税負担を伴います。

　現在の自社株の評価額を把握して、後継者にスムーズに移転する方針を練ることが重要です。

(1) 自社株は今いくらか

　ご自分の所有する株式が現在いくらかを確認しましょう。

　また、自社株の評価額だけでなく、その評価方法についても理解を深めておくことが重要です。

(2) 自社株の評価を引き下げるには どうすればいいか

　評価を通じて会社の状況を把握し、それにより株価を引き下げる対策を練っていきます。ただし、対策の前提として、会社経営に影響の少ないものを選択します。

事業を後継者に移すには、
自社株の評価額が高すぎて、
税金の負担が大きすぎる…。

相続が起きたときの
納税資金がないのだけれど
どうすれば良いのか。

次ページ以降に、
具体的な評価引き下げの方法を
挙げています。

Q. オーナーに退職金を支給することへのメリットはありますか?

A. オーナーの役員退任に伴い、退職金を支給することで、次のような効果が期待できます。

(1-1) 退職金支給により会社財産が減少し、自社株の評価が下がります。

(1-2) 退職金を支給した事業年度の利益が減少し、自社株の評価が下がります。

(2) さらにオーナーは低い税負担で現金を得ることができます。

(1) 退職金支給による自社株の評価減

　オーナーに退職金を支払うと、会社財産が減るとともに、退職金を支給した事業年度の利益が減少し、自社株の評価が下がります。オーナーの役員在任期間が長いと、支給する退職金も多額になることが多く、自社株の評価額に与える影響も大きくなります。自社株の評価が下がったタイミングで、相続時精算課税制度を活用して後継者に自社株を贈与すると、少ない税負担で次世代に株式を移転することができます。

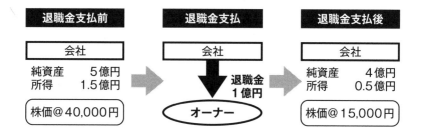

退職金支払前	退職金支払	退職金支払後
会社	会社	会社
純資産 5億円 所得 1.5億円	退職金 1億円 オーナー	純資産 4億円 所得 0.5億円
株価@40,000円		株価@15,000円

（2）退職金に対するオーナーの税負担

　退職金は長年の労働の対価であり、老後の大切な生活資金になります。

　そのため、税金面で特別な優遇規定が設けられており、税負担は低く、手取り額が大きくなります。

（退職金－退職所得控除）×1/2＝退職所得
退職所得×税率＝税負担額

Q. 高収益部門を分社化することへのメリットはありますか？

A. 　会社の事業のうち高収益部門を分社化することで、次のような効果が期待できます。

(1)高収益部門を後継者の会社に事業譲渡する場合

　後継者の会社の株価は上昇しますが、オーナー所有の会社の株価は低く評価できます。

(2) 高収益部門を会社分割により子会社化する場合

　新設子会社の株価は上昇しますが、親会社であるA社の株価は低く評価できます。

(1) 高収益部門を後継者の会社に 事業譲渡する場合

　後継者が新設会社を設立し、そこに、高収益部門である製造・販売部門を事業譲渡します。この事業譲渡により、現在のA社と本業を行う事業会社とは資本関係が分断されます。

　この結果、事業譲渡後は、後継者の会社の株価は上昇しますが、オーナー所有の会社の株価は低く評価できます。

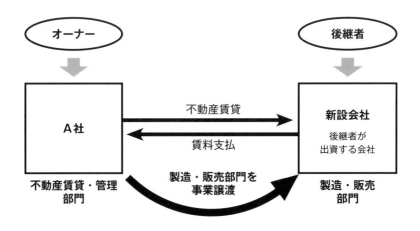

（2）高収益部門を会社分割により
子会社化する場合

　100%子会社を新設すると同時に、高収益部門である製造販売部門を、その子会社に移転します。この会社分割により、現在のA社は、本業を行う新設子会社の持株会社となります。

　この結果、新設子会社の株価は上昇しますが、親会社であるA社の株価は低く評価できます。

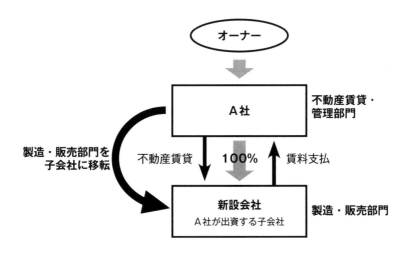

Q. 従業員持株会を活用することへのメリットはありますか?

A. オーナー所有の株式を従業員持株会に譲渡することで、次のような効果が期待できます。

(1) オーナーの相続財産が減少し、相続税評価額が下がります。
　　(配当還元価額による移動が可能です)

(2) 従業員の福利厚生となります。

(1) オーナーの相続財産の減少

従業員持株会制度とは、福利厚生目的として、従業員が自社株を取得・保有する制度をいいます。非上場会社が、この制度を導入する大きな理由として、オーナーの相続対策が挙げられます。

オーナーの所有する株式は、原則的評価方式により高く評価され、相続税が高額になる可能性があります。そこで、従業員持株会を設立し、自社株を譲渡すれば、オーナーの持ち株数は減少しますので、結果として相続財産も減少することとなります。なお、従業員持株会に自社株を譲渡する際には、配当還元価額による移動が可能であるため通常よりも低い価額での売却ができること、売却に伴う譲渡所得税の負担を低く抑えることができます。

さらに、従業員は通常よりも低い価額で自社株を取得することができるメリットがあります。

（2）従業員の福利厚生

　従業員持株会は、従業員のモチベーションを上げる効果もあります。従業員自身の頑張りにより、会社の業績が伸びれば、配当金という形で自分に見返りがあるためです。従業員持株会にはこのような福利厚生としての一面があります。

　しかし、その反面、株主が増えることにより会社の経営に支障をきたすおそれがあります。この対策として、オーナーが従業員持株会に株式を譲渡する際には、経営に影響がでないように、譲渡する株式を「配当優先・無議決権株式」などにするとよいでしょう。

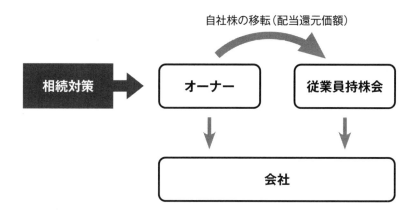

Q. 遺言は、遺産分割に有効であると聞きましたが、どのような点で有効なのでしょうか？

A. 遺言とは、死後におけるご自身の財産の処分を、奥様・お子様などの残された方に伝えるとともに、その実現を図ろうとするものです。遺言書がないと、相続人同士の遺産分割協議により相続財産を分けるため、争いが生じやすくなります。協議がまとまらなければ、いつまでたっても相続財産を分けることができません。遺言は、このような相続人の間の争いを防ぐことができるため、遺産分割に有効であるといえます。

（1）遺言のメリット

相続において最も優先されるのは、亡くなられた方のご意思です。その亡くなられた方の意思を表したものが遺言となります。遺言は、亡くなられた方が遺産の具体的な配分方法を指定できるため、遺産分割協議のトラブルを事前に防止することができます。

また、遺産の配分方法だけでなく、ご家族に対する考えや想いも伝えてその実現を図ることができるのです。

さらに、遺言により相続人以外の方にも財産を遺すことができます。

（２）遺言の必要な方

特に次のような方は、遺言書を作成することをお勧めします。

①子供のいない夫婦

お子様のいない夫婦の相続人は、お二人のご両親がすでに亡くなっている場合、配偶者と兄弟姉妹になります。よって、夫が妻にすべての財産を遺したいと考えていたとしても、遺言書がなければ、兄弟姉妹も夫の財産を相続する権利が生じてしまいます。兄弟姉妹がその権利を主張し、遺産分割協議書に印鑑を押さない場合には、妻は、夫の金融資産の名義変更や、ご自宅の相続登記さえ行うことができなくなってしまうのです。兄弟姉妹と仲がよくても、相続がおきると揉めるケースは多々あります。残された奥様にそのような苦労をかけないためにも遺言書は作成した方が良いといえます。

②相続人がいない方

配偶者、お子様、兄弟姉妹などの相続人がいない方については、遺言書がない場合、相続財産は最終的に国に帰属することになります。もし生前に遺言書を作成すれば、ご自身が相続後の財産の処分方法を決めることができます。例えば、遺言書で指定することにより、○△協会、○×財団、学校法人などの公的な団体や法人にご自身の財産を遺すことも可能になります。相続人がいない方は、ご自身の死亡後に財産をどのように遺したいのかをじっくりと考え、遺言書を作成しましょう。

③相続人以外の方に財産を遺したい方

遺言書を作成することにより相続人以外の方に財産を遺すことができます。もし遺言書がなければ、法定相続人で相続すること

になりますので、相続人以外の方が財産を相続することはできません。例えば、長男のお嫁さんが生前に面倒をよくみてくれたので、長男のお嫁さんに財産を遺したいと考えていたとします。遺言書がなければ、長男のお嫁さんは相続人ではないので財産を相続する権利はありませんが、遺言書で長男のお嫁さんに財産を遺す旨を指定することでお嫁さんも財産を相続する権利が生じるのです。内縁の妻に財産を遺したい場合も遺言書が必要になります。

④相続人同士が揉めそうな方

　相続人同士の仲が悪く将来遺産分割で揉めそうな方、あるいは、相続財産の多くが不動産で遺産分割が難しい方は、生前に遺言書を作成することにより、相続人同士が遺産分割で揉めるのを防ぐことができます。例えば、相続人が長男、次男、三男の3人で、相続財産が賃貸物件だとします。賃貸物件を3人共有で相続した場合、3人の署名・押印がなければその物件を売却することも、その物件を担保にローンを組むこともできません。このような将来の揉め事を避けるために、生前に遺言書を作成し、「賃貸物件は長男に相続させ、長男は次男と三男に現金○○円を支払う（代償分割※）」と指定すれば、賃貸物件を共有で相続するという事態を避けることができるのです。

※代償分割…相続人の1人が相続により財産の現物を取得する一方、他の相続人に取得した財産に相当する債務を負担する遺産分割の方法をいいます。

（3）遺言書を作成する上でのポイント

遺言書を作成する上でのポイントは、以下の４点です。
1　有効性のある遺言書であること
2　遺留分を考慮した遺言書であること
3　相続税を考慮した遺言書であること
4　遺言書は何度でも書き直しが可能であること

1 有効性のある遺言書であること

　遺言書を作成しても、不備があれば無効となり、法律上の効力をもたなくなります。遺言書を作成するにあたっては、きちんとした手続きを踏み作成する必要があります。

　遺言書は、「公正証書遺言」と「自筆証書遺言」の２つの形式が多く用いられます。自筆証書遺言については、近年、法改正が行われ、財産目録部分についてはパソコン等で作成することができるようになるなどの方式緩和が図られています。また、自筆証書遺言を法務局で保管することができる制度も開始されています（自筆証書遺言保管制度）。自筆証書遺言保管制度を採用したとしても、こちらの制度は遺言書の内容の有効性を保証するものではない点に注意が必要です。この点、公正証書遺言は法律の専門家である公証人が作成するので、より確実な方法と言えます。また、公正証書遺言は、公証役場で保管されるため、紛失の恐れもありません。遺言書を作成するならば、より確実性の高い公正証書遺言をお勧めいたします。

2 遺留分を考慮した遺言書であること

　遺留分とは、民法で定められた相続人が相続することができる最低限の保障割合です。基本的には、法定相続分の1/2になります。なお、兄弟姉妹には遺留分はありません。

この遺留分を侵害して遺言書を作成した場合には、遺留分を有する相続人が、自分の遺留分に対する不足分の取り戻し請求（遺留分侵害額請求）をすることができます。もし、全ての財産を特定の者に相続させるという遺言を書いた場合、他の相続人から「遺留分侵害額請求」をされることによりその遺留分に相当する金銭をその相続人に支払わなければなりません。

せっかく作成した遺言書により相続人同士の争いが生じてしまっては、元も子もありません。

遺留分を考慮した遺言書を作成しましょう。

3 相続税を考慮した遺言書であること

相続税を考慮した遺言書であるというのは、イ）相続税法上の有利な特典を活かしているか、ロ）納税を考慮した分割内容になっているか、ということです。

1) 相続税法上の有利な特典を活かしているか

相続税法上の有利な特典で主なものは、「配偶者の税額軽減」と「小規模宅地等の減額の特例」です。「配偶者の税額軽減」とは、配偶者が相続した財産は、一定割合まで非課税となるものです。「小規模宅地等の減額の特例」とは、亡くなられた方が居住用あるいは事業用として利用していた土地を相続した相続人が一定の要件を満たせば、土地の相続税評価額の80%（一定の限度あり）を減額することができるというものです。

このような特典をフルに活用できるような遺産分割方法を遺言書で指定することも相続税を考えたうえでは重要となります。

2) 納税を考慮した分割内容になっているか

遺言書は作成するご自身の意思を尊重したものであるべきで

すが、相続税の納付という観点にも注意しながら遺言書を作成しなければなりません。

　例えば、ある相続人の相続財産が土地のみであった場合には、相続税の納付ができなくなる可能性があります。相続人に資力がある場合には問題ありませんが、納税するだけの資金がない場合には、相続した土地を売却して納税資金を捻出しなければなりません。そのようなことを避けるためにも、納税額相当の現金を相続人に分けるように金融資産のバランスを考慮した遺言書を作成しなければなりません。場合によっては、物納を考えた遺言書を作成する必要があります。

4 遺言書は何度でも書き直しが可能であること

　遺言書には有効期限がありません。何度でも作り直すことが可能です。また複数の遺言書が存在する場合には、最新の遺言書が有効となります。

　財産の内容や財産の評価額は、毎年変化しますので遺言書の定期的な見直しが必要となります。遺言書を定期的に見直さなかったために、後々思わぬトラブルが生じることもあります。

　遺言書は何度でも書き直しが可能であるので、気軽に作成し定期的に遺言書の内容をメンテナンスしましょう。

★ 公正証書遺言と自筆証書遺言との比較

	公正証書遺言	自筆証書遺言
作成方法	本人が口述し、 公証人が筆記。 (戸籍謄本等の一定の 書類が必要)	本人が自筆で作成し、 署名押印する。 (財産目録については 自筆でなくても可)
場所	公証人役場	自由
証人	2人以上	不要
署名押印	本人、公証人、証人	本人のみ
裁判所の 検認手続き	不要	必要 (自筆証書遺言保管制度を 利用する場合には不要)
メリット	証拠能力が高い 偽造の危険性がない 検認手続きが不要	証人不要 遺言内容を秘密にできる 費用がかからない
デメリット	作成手順が煩雑 遺言内容を秘密にできない 費用がかかる	紛失、偽造の可能性がある 検認手続きが必要 要式欠如による無効がある

Q. 生命保険は遺産分割に有効であると聞きましたが、どのような点で有効なのでしょうか?

A. 　生命保険金は指定した受取人の固有の財産となるため、遺産分割を行うことなく、あげたい人に確実に財産を分けることができるため、遺産分割を行いやすくすることができます。

(1) 相続対策として生命保険金の活用

　相続対策を考えるうえで、生命保険を活用することが有効になってきます。生命保険を活用することの効果としては、「遺産分割対策」、「納税資金対策」、「相続税の軽減対策」の大きく3つに分けられます。

(2) 遺産分割対策(あげたい人にお金が届く)

　死亡保険金は、保険契約上で指定した受取人の固有財産となります。したがって、遺産分割を行うことなく確実に受取人として指定された相続人のものとなります。また、相続放棄をしたとしても、生命保険金を受け取ることができます。

　次の図表をご覧ください。例えば、相続財産としての預金1億円を長男、長女、次男で相続する場合は、遺産分割協議という話し合いによって、どのように分けるかを決めなくてはなりません。

これでは各者の主張がぶつかりあってなかなか分割を決めることはできません。しかし、同じ1億円であっても生命保険金であれば、あらかじめ受取人を指定しておくことができるので、受取人固有の財産として、遺産分割協議をすることなく平等に財産を分けることができるのです。

　また、例えば相続財産が長男の自宅の土地1億円だけしかないといった場合、次男にも平等に財産を分けようとしても分ける財産がありません。自宅を売却して資金に換えることもできますが、自宅は長男が生活していますから納得がいかないでしょう。結果として遺産分割はうまくいきません。

　そこで生命保険を活用するという方法があります。長男が自宅の土地を相続しても、次男には生命保険金1億円が支払われます。したがって2人とも1億円ずつの相続財産を相続することになり、スムーズに遺産分割を進めることができるのです。さらに、事業を承継する長男に自社株や事業用不動産を相続させたい場合における他の相続人に対する活用としても有効です。

　そのほか、相続人の1人が、遺産を取得した代償として、他の相続人に金銭その他の財産を与える分割方法である代償分割に、生命保険を活用するなどスムーズな遺産分割が実現可能となります。

★ 預金で残すケース

預金1億円

長男　　長女　　次男

遺産分割協議

★ 生命保険で残すケース

契約者	父	父	父
被保険者	父	父	父
受取人	長男	長女	次男

4千万円　**3千万円**　**3千万円**
長男　　　長女　　　次男

受取人固有の財産

(3) 納税資金対策

　相続税は、原則として亡くなった日から10ヶ月以内に現金で納付しなくてはなりません。相続財産の中に相続税を払えるだけの現金や預貯金がなければ、相続税を支払うための準備をする必要があります。現金や預貯金を相続税が支払える額まで貯めるのに時間を要する場合には、その不足分を補うために生命保険を活用することにより、相続税の納税資金を確保することができます。生命保険への加入は相続が起きてしまってからでは遅いので、生前に相続人がいくら相続税を支払うのかを知り、そのうちいくら現金で納付することができるのか、不動産の売却や延納、物納も視野に入れ、生命保険金でいくら納付するのかあらかじめシミュレーションをしておく必要があるでしょう。

(4) 相続税の軽減対策

　生命保険は、保険金の全てに課税されるわけではありません。被相続人の死亡により相続人が取得した生命保険金のうち、「法定相続人1人あたり500万円」は非課税になり相続税は課税されません。生命保険に加入していないのであれば、最低限この非課税相当額について預貯金を生命保険に置き換えておくだけで、相続税の軽減対策として有効です。

　なお、生命保険金は相続を放棄した場合も受け取ることができますが、非課税の適用を受けることはできませんので注意が必要です。

(5) まとまったお金の支払いに活用

　被相続人が現預金として持っている場合、前述したとおり相続人の間での遺産分割協議が必要になります。なおかつ、預貯金の場合には、遺産分割協議が成立して名義変更が行われるまでは凍結してしまうことから、葬儀費用の支払いや病院への入院費用の支払いなどまとまったお金を引き出そうとしても自由に引き出すことができません。しかし、生命保険の場合は、遺産分割をすることなく、保険会社へ書類を提出すれば数日間でまとまった資金を現金で準備することができ、葬式費用や病院への支払いなどを行う際に有効です。

(6) 保険料相当額の贈与

　贈与税の110万円の基礎控除を利用して、子供や孫に生命保険料相当額の贈与をすることによって生命保険を活用することができます。

　子供や孫は、贈与を受けた保険料相当額で、被保険者を親や祖父母とする生命保険に加入します。この場合、親や祖父母に相続が起きても支払われる保険金は、相続財産ではなく、子供または孫の一時所得となります。したがって、少ない税負担で納税資金を確保することができます。

　なお、この保険金に係る税額は、

{(保険金額－保険料総額－50万円)×1/2}×所得税・住民税率

となります。

〈留意点〉

①子供や孫が贈与を受けた金額が、110万円を超える場合には、贈与税の申告および納税が必要になります。

②連年で一定金額を贈与した場合には、その実質により初年度に

おいて一括贈与をしたとみなされ課税される可能性もあります。

③保険料相当額の贈与は、きちんとした贈与の手続きを行う必要があります。

　・贈与契約書を作成する・確定日付をとる

　・基礎控除(110万円)以上の贈与をして贈与税の申告をする

　・生命保険料は子供や孫が支払い、生命保険料控除の申告をする

　・贈与を受ける口座の通帳、印鑑の管理は子供や孫がおこなう

④子供や孫の所得が高い場合や相続財産が少額の場合、相続税額よりも所得税額の方が高くなり、多く税金を納める場合もありますので、事前にシミュレーションが必要になります。

Q. 種類株式の活用方法を 教えてください

A.
株式会社は、様々な特徴を持った複数の種類の株式を発行することができます。この「種類株式」をうまく活用することで、事業承継に役立てることができます。

（1）配当優先無議決権株式の活用

配当優先無議決権株式とは、普通株式に対して剰余金の配当について優先権を持つ一方、株主総会の決議については、全く議決権を持たない種類株式です。

★ 後継者に議決権を集中させることができます

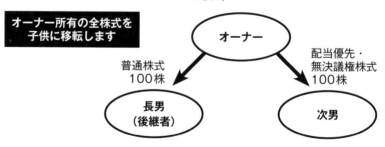

・ 後継者である長男は議決権を100％保有し、会社の実権を握ることができます。

・次男は、議決権はない代わりに配当を優先的に受けることができるため、不満を抑えられます。

(2) 黄金株の活用

　黄金株とは、株主総会や取締役会の決議事項に対して、一定の拒否権を持った種類株式です。

★ 株式移転後もオーナーの影響力を残すことができます

・後継者の独断専行経営を防止できます。

(3) 相続人等に対する売渡請求権の活用

　種類株式とは異なりますが、相続や合併等により、新たな株主になった者を排除したいとき定款に相続人糖に対する売渡請求権を定めておけば売渡請求により相続人等から株式を買い取ることができます。

【注意点】
①売渡請求期限
　相続等があったことを知った日から1年以内に、株主総会の特別決議を経て請求する必要があります。

②売買価格

　売買価格は当事者間の協議によりますが、不調の場合には売渡請求日から20日以内に限り、裁判所に価格決定の申し立てができます。

③財源規制

　分配可能額を超える買取はできません。

★ 株主の分散を防止することができます

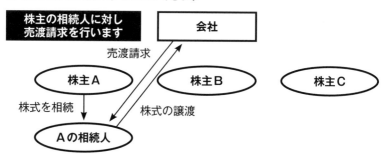

・ 事業運営上好ましくない者への株式の移転を防止し、経営を安定させることができます。

(4)種類株式の発行方法

　種類株式を発行する場合、新株を発行する場合は、株主総会の特別決議で発行できますが、既存の株式を一部変更する場合には、全株主の同意が必要となりますので、注意が必要です。

Q. 相続税の申告をするにあたって、一度に現金で納付することができません。分割して納付する方法はありますか?

A. 相続税の延納制度により、相続税を分割して納付することができます。

（1）相続税の延納制度の概要

　相続税は、金銭で一時に納付することが原則です。しかし、相続税が財産に課税されるものであるため、一定の場合に年賦で納付することができます。これを延納といいますが、この延納期間中には利子税の納付が必要となります。延納を受けるための要件は以下のようになります。

　①相続税が10万円を超えること。
　②金銭で納付することを困難とする事由があり、かつ、その納付を困難とする金額を限度としていること。
　③延納税額に相当する担保を提供すること。
　　ただし、延納税額が100万円未満で、かつ、延納期間が3年以下である場合には担保を提供する必要はありません。

④延納しようとする相続税の納期限又は納付すべき日（延納申請期限）までに、延納申請書に担保提供関係書類を添付して税務署長に提出すること。

（2）延納許可限度額の算定

　延納することができる金額を延納許可限度額といい、延納許可限度額は、①納付すべき相続税額から②金銭で一時に納付することが可能な金額を差し引いて算出します。実際は、延納申請書の別紙の「金銭納付を困難とする理由書」を用いて延納許可限度額を算出します。

　金銭で一時に納付することができる金額には、納税者が相続により取得した預貯金等の他、納税時に相続人固有の預貯金等がある場合には、その預貯金等も含めます。また、一定の生活費や事業経費の金額は控除します。

（＋）相続した現金・預貯金等
（＋）納税者固有の現金・預貯金等
（－）生活費＋事業経費
_____
納期限までに金銭納付できる金額

（3）延納の利子税

　相続財産に占める不動産等の割合によって、表のとおり延納期間及びその期間に応じた税率が定められています。また、低金利対応のため、令和3年1月1日以降の期間については銀行の新規の短期貸出約定平均金利に連動する税率の引上げの特例が設けられています。

①不動産等の割合とは

　課税相続財産の価額のうち不動産等の価額の占める割合をいいますが、不動産等には、不動産以外にも、不動産の上に存する権利、立木、事業用の減価償却資産、特定の同族会社の株式等も含まれます。

②相続財産の種類による区分について

　不動産及び動産以外にも森林計画立木、立木、特別緑地保全地区等内の土地については、その期間と税率は別途定められています。

③納入できる期間

　期間とは最高期間で、実際に延納できる期間は、延納税額を10万円で除した数に相当する年数が各区分で定められた期間に満たない場合は、満たない期間となります。例えば、不動産の割合が75％であっても、延納税額が150万円の場合は、最高期間は20年であっても、延納期間は15年となります。

④利子税の割合

　各年の延納特例基準割合が7.3％に満たない場合の利子税の割合は、以下の算式により計算された利率になります。

$$\text{原則の利子税の割合} \times \frac{\text{延納特例基準割合}}{7.3\%} = \text{特例の利子税の割合（0.1\%未満端数切捨）}$$

延納基準割合とは

　各分納期間の開始の日の属する年の前々年の9月から前年の8月までの各月における銀行の新規の短期貸出約定平均金利の合計

を12で除して得た割合として各年の前年の11月30日までに財務大臣が告示する割合に、年0.5%の割合を加算した割合をいいます。

延納特例基準割合を1.0%とすると特例の割合は以下のようになります。

① 割合	② 種類の区分	③ 期間	④ 原則	⑤ 特例
75%以上	不動産等 動産等	20年	3.60%	0.4%
		10年	5.40%	0.7%
50%以上 75%未満	不動産等 動産等	15年	3.60%	0.4%
		10年	5.40%	0.7%
50%未満	不動産・ 動産等	5年	6.00%	0.8%

Q. 相続財産には預貯金が少なく、納税額には足りません。また、私自身収入があまりなく、分割払いでも難しい状況です。何か良い方法はありますか?

A.
相続税の物納制度により、相続した財産そのものを納税に充てることができます。

(1) 相続税の納税方法

相続税は原則として、現金により一括納付しなくてはなりません。ただし、現金一括納付が困難な場合には、延納制度により、数年間に分割して相続税を支払うことができます。さらに、延納によっても相続税を金銭で納付することが困難である場合には、物納制度により、金銭以外の相続財産により相続税の納税をすることができます。

(2) 物納可能額

納めるべき相続税額から、まず現金納付を検討し、次に延納可能額を検討し、その2つの段階を経て残った金額が物納できる金

額ということになります。

①金銭で一時に納付できる金額

　金銭で一時に納付できる金額は、現金・預貯金の他、有価証券等の換金が容易な財産を含め、そこから債務や葬式費用納税者及びその家族の3ヶ月分の生活費や1年分の事業経費を控除して計算します。なお、金銭で一時に納付できる金額は相続により取得した預貯金等だけでなく、相続人の固有の預貯金等についても合わせて計算します。

②延納許可限度額

　納めるべき相続税額から、上記①で計算した「金銭で一時に納付できる金額」を差し引いた金額が延納許可限度額となります。

③延納によって納付することができる金額

　納税者の年間収入金額から年間の生活費や事業経費等を差し引いた金額を年間の納付可能資金とみなします。この年間の納付可能資金に延納期間を乗じて計算したものに、臨時的な収支を加減したものが延納によって納付することできる金額となります。

④物納許可限度額

　上記②で計算した「延納許可限度額」から、上記③で計算した「延納によって納付することができる金額」を差し引いた金額が延納許可限度額となります。

(3) 物納可能財産

　物納に充てることができる財産は種類及び優先順位が決められています。国は、物納により納められた財産を現金化し、相続税に充当します。そのため、物納財産は換価できる財産である必要があります。すぐに換価できないような財産に関しては、物納が認められない、もしくは条件付で一定の場合に限り物納が認められます。

①管理処分不適格財産

　管理処分不適格財産とは、物納に充てることができない財産です。管理処分不適格財産には以下のようなものがあります。他者の権利が及んでいたり、現状のままでは処分することができないような財産が該当します。

- 担保権が設定されている不動産、差押さえがされている不動産
- 有害物質により汚染されている不動産
- 譲渡制限株式

②物納劣後財産

　物納劣後財産とは、他に物納に充てるべき財産が無い場合に限り、物納に充てることができる財産です。物納劣後財産には以下のようなものがあります。処分することは可能ですが、買い手が付きにくく、売却がはかどらないような財産が該当します。

- 建築基準法に違反して建築された建物及びその敷地
- 接道業務を満たしていない土地
- 事業を休止している法人に係る株式

③物納財産の順位

　物納財産は、以下の順番により物納に充てることができます。

第1順位	①不動産、船舶、国債、地方債、上場株式等
	②①のうち劣後財産
第2順位	③非上場株式等
	④③のうち劣後財産
第3順位	⑤動産

（4）物納検討の際のポイント

①物納の流れ

　物納をする場合には、相続税の申告期限（相続開始から10ヶ

月）までに、物納申請書を所轄税務署に提出する必要があります。その後、原則として3ヶ月以内に物納の可否が決定します。

②必要な手続

物納をするためには、不動産であれば測量をし、隣地との境界を確定させる等の条件整備が必要となります。そのためには時間がかかりますので、相続税の現金による納税が難しい場合には、早く納税方法を検討し、物納を行う場合には素早く条件整備にとりかかる必要があります。

③売却との比較検討

物納財産は、原則として相続開始時の相続税評価額により収納されます。もしそれよりも高い価額で売却ができる場合には、物納ではなく売却をし、その売却代金をもって現金納付することも考えられます。売却をして儲けが出た場合には、譲渡所得として所得税及び住民税が課税されますが、相続税の申告期限から3年以内に相続財産を譲渡する場合には「相続税額の取得費加算」の適用を受けることができ、譲渡所得を低く抑え、所得税・住民税の負担を軽減することができます。

また、非上場株式をその発行会社に譲渡した場合には、原則として譲渡所得の他に「みなし配当」課税が行われ、最高で所得税・住民税合わせて50%の税金が課税されますが、相続により取得した非上場株式を相続税の申告期限から3年以内にその発行会社に譲渡した場合には、この「みなし配当」の適用はなく、20%の課税で済みます。

物納を検討する際には、物納の条件整備にかかる費用等も考慮した上で、売却した場合の手取り額との比較を行い、納税方法を決定することが重要となります。

58　納税資金対策

Q. 納税資金対策を教えてください。

A.
　自社株は市場での取引が行われていないため、換金性が低い財産です。しかし、発行会社への譲渡や物納を行うことにより、相続税の納税資金対策に使う方法もあります。

（1）金庫株の活用

　平成13年の商法改正により、会社は自己株式を自由に取得・保有することができるようになりました。取得した自己株式を金庫株と呼びます。

★ 相続した自社株の発行会社への譲渡

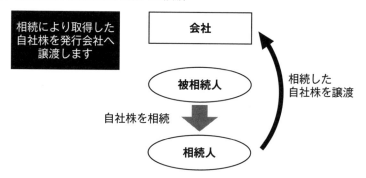

・換金が困難な自社株をお金に換え、相続税の納税に充てること
ができます。

①みなし配当の不適用

　通常、株式をその発行会社に譲渡した場合には、資本金等の額
を超える部分については、「みなし配当」と呼ばれ、配当金として
の課税（総合課税・最高税率50%）が行われ、税負担が重くなり
ます。しかし、下記の要件を満たす者が、相続により取得した自
社株を発行会社へ譲渡した場合には、みなし配当にはならず、全
額が譲渡所得として課税（分離課税・税率20%）されます。
①相続又は遺贈により財産を取得し、納付する相続税があること
②相続税の申告期限後３年以内に譲渡すること

　なお、この適用を受けるためには譲渡するときまでに（一定の
事項を記載した届出書）を発行会社に提出する必要があり、発行
会社は、当該届出書を譲り受けた日の翌年の１月31日までに所
轄税務署に提出する必要があります。

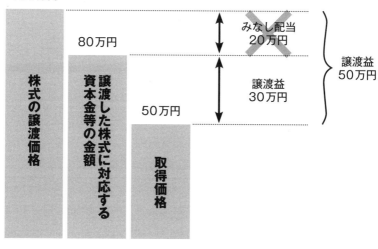

②相続税の取得費加算の特例

　相続財産について相続税の申告期限後3年以内に譲渡した場合には、譲渡所得の計算上控除する取得費に、譲渡した資産に対応する相続税額が加算され、譲渡所得税の負担を軽減することができます。

（2）物納の活用

　平成18年の税制改正により、物納財産が明確化され、非上場株式の物納が容易になりました。

①物納の要件（金銭納付困難事由）

　相続税は、原則として金銭で一括して納めなくてはなりません。一括納付できない部分については、最大20年の分割払いによる延納を検討し、延納によっても金銭で納税できない部分の税額に限り、物納が認められます。

②物納財産の順位

　物納に充てることができる財産には、順位はP242のとおりです。
　自社株は第2順位に該当することから、物納に充てることができる不動産や国債などがない場合に限り、物納に充てることができます。
(注)譲渡制限株式は物納することができません。物納するためには定款の変更などが必要となります。

③物納後の処分

　物納された自社株は、原則として一般競争入札により処分されます。好ましくない者に株式が渡らないようにするためには、「随

意契約適格者」（物納申請者、その発行会社、主要株主、役員など）
が物納後1ヶ月以内に一定の書類を提出し、原則として収納日か
ら1年以内に買い戻す必要があります。

Q. オーナー所有の株式をオーナーの子供が設立した資産管理会社に売却することによるメリットを教えてください。

A. 　オーナーの子供が資産管理会社を設立し、その資産管理会社がオーナー所有の会社の株式を買い取ります。これにより、今後は、子供が会社の株式を資産管理会社を通じて保有することになります。資産管理会社設立の効果は次の2つです。

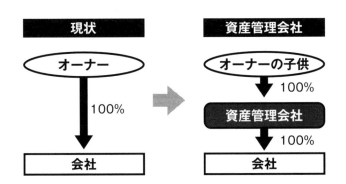

（1）将来の株価上昇の抑制

　資産管理会社への株式の移転は譲渡時の時価で行いますが、その後会社が成長した場合、株式移転時の時価から値上がりした部分については、資産管理会社の株式評価の際に37%が減額されます。

　したがって、株式を資産管理会社を通じて保有することで、今後の株価上昇分のうち1/3強について、減額することが可能となります。

（2）オーナーの持株数の減少

　資産管理会社に株式を売却することで、オーナーの持株数が減少します。また、資産管理会社の株主を子供とすることで、オーナーの相続財産から自社株を切り離すことができます。

　さらに株式の売却代金は、将来の相続税の納税資金として確保することができます。

〈第3章〉

民法と税の接点

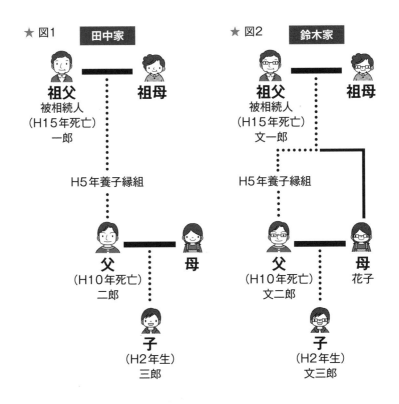

60 養子縁組前に生まれた子供の代襲相続権

Q. 養子縁組前に生まれた子供には代襲相続権がないのですか?

A. 　（図1）の場合、田中三郎さんは相続権を有しませんが、（図2）の場合、鈴木文三郎さんは代襲相続人として相続権を有します。このため、鈴木文三郎さんは遺産に係る基礎控除（600万円）の対象となります。

★ 図1　　田中家

祖父
被相続人
（H15年死亡）
一郎

祖母

H5年養子縁組

父
（H10年死亡）
二郎

母

子
（H2年生）
三郎

★ 図2　　鈴木家

祖父
被相続人
（H15年死亡）
文一郎

祖母

H5年養子縁組

父
（H10年死亡）
文二郎

母
花子

子
（H2年生）
文三郎

（1）養子縁組の効力

　養子は養子縁組の日から養親の子供としての身分を取得することとされています(民法809条)。

　そして、養子と養親との間には、養子縁組の日から血族と同一の親族関係が生じることになります(民法727条)。つまり、養子縁組の効力は出生まで遡らないということです。

　(図1)において田中一郎さんと二郎さん、(図2)において鈴木文一郎さんと文二郎さんとの養子縁組は平成5年ですから、平成5年の養子縁組の日からそれぞれ親族関係が生じたことになります。

（2）代襲相続人となれる者

　被相続人の子供は相続人となります。しかし、被相続人の子供が相続開始以前に死亡等により相続権を失った場合には、その者の子供が代襲相続人となりますが、代襲相続人となれるのは被相続人の直系卑属に限られます(民法887条)。

　(図1)の田中二郎さん、(図2)の鈴木文二郎さんはすでに亡くなっているので、養子縁組前に生まれた子供である田中三郎さん、鈴木文三郎さんが被相続人の直系卑属に該当するかどうかが問題となります。

（3）被相続人の直系卑属に該当する場合・該当しない場合

　(図1)の田中三郎さんは養子縁組前に生まれているため、田中一郎さんとは親族関係が生じません。このため、田中一郎さんの

直系卑属に該当せず、代襲相続人とはなりません。

　（図２）の鈴木文三郎さんは同じく養子縁組前に生まれており、鈴木文二郎さんを通じては上記と同様に、鈴木文一郎さんの直系卑属には該当しません。

　ところが、鈴木文三郎さんは鈴木文一郎さんの実子である花子さんの子供でもあるので、花子さんを通じて鈴木文一郎さんの直系卑属に該当し、代襲相続人になります。

（4）遺産に係る基礎控除額

　代襲相続人に該当すると、相続人の数が１人増え、相続財産から控除される基礎控除額が600万円増加し、相続税総額の計算上も有利な方向へ働きます。「たかが、相続人の１人や２人」と軽んじるのは禁物で、相続人ひとり増えただけで相続税の累進税率が変わることもあり、この結果、相続税額も大きく変わることがあります。

Q. 相続分の譲渡ができるそうですが、課税関係はどのようになりますか。

A. 　相続分の譲渡とは、相続財産の譲渡ではなく、相続する権利の譲渡のことです。権利そのものを対価を支払って、又は無償で譲渡することができます。共同相続人から相続人同士で譲渡する場合、共同相続人から第三者に譲渡する場合があり、課税関係は4つのケースに分けられます。

(1) 相続分の譲渡とは？

　相続分の譲渡とは、相続人としての地位を譲渡するということです。このため、相続分の譲渡があった場合、譲受人は相続人と同様に、遺産分割協議に参加する権利を取得したこととなります。また譲受人は相続債務も承継することになりますが、元の債権者、譲渡人、譲受人との関係については、いくつかの考え方があります。一般的には、元の債権者は譲受人に対しても債務の履行を請求することができると考えられています。難しい言い方ですが、これを「重畳的債務引受」と言います。

（2）課税関係

譲渡人	譲受人			譲渡人	譲受人
共同相続人	共同相続人	①無償		課税なし	相続税増
		②有償		相続税課税	相続税増（※）
	第三者	③無償		相続税課税	贈与税課税
		④有償		相続税・譲渡所得税課税	課税なし

（※）相続分─支払対価が課税対象となります。

　①のケースは、相続人が他の相続人に無償で譲渡したケースで、譲渡人は相続財産がなくなり、相続税は課税されません。譲受人は譲り受けた相続分に応じた相続財産を取得するので、それだけ相続税が増えます。このケースは遺産分割の問題と考えられます。

　②のケースは、相続人が他の相続人に対価を支払って譲渡したケースで、譲渡人は取得した対価が相続財産となり、相続税が課税されます。

　譲受人は譲り受けた相続分から支払った対価を差し引いた価額に対して相続税が課税されます。このケースは一種の代償分割と考えられます。

　③のケースは、相続人が第三者に無償で譲渡したケースで、①の相続人に対する譲渡とは違って遺産分割の問題として処理することはできません。譲渡人には、相続分に応じた相続財産の取得として相続税が課税されます。譲受人は相続人ではないため、譲渡人から相続分相当額の贈与があったものとして贈与税が課税されます。

　④のケースでは、相続人が第三者に対価を支払って譲渡したもので、譲渡人に対しては相続分に応じた相続財産の取得があったものとして相続税が課税されます。また、その相続分に応じた相

続財産が譲渡所得の基因となる財産である場合には、譲渡所得税が課税されます。譲受人は、対価を支払って譲り受けたため、課税関係は生じません。

（3）相続分の取戻権

　相続人の1人が分割前にその相続分を第三者に譲渡したときは、他の相続人はその相続分を取戻すことができます（民法905条①）。これは、第三者が遺産分割に介入することによって、相続問題が紛糾することを防止するためです。

　相続分の譲渡が無償でなされた場合でも相続分を取戻すには、実際に価額及び譲渡に係る費用を提供する必要があり、譲渡の時から1ヶ月以内に取戻さなければなりません（民法905条②）。

62 物納申請中に相続が開始した場合

Q. 祖父の相続時に
父が物納申請していましたが、
その申請中に父が亡くなりました。
今回の遺産分割についての
注意点を教えてください。

A. 物納申請中の土地は相続財産になり、物納申請に係る未納の相続税は債務控除の対象となります。

(1) 物納申請に係る財産及び債務の承継

民法899条において、相続人は、その相続分に応じて被相続人の権利義務を承継すると規定され、国税通則法第5条において、国税の納付義務は、相続人が相続分に応じて承継することとされています。

このため、物納申請中に相続の開始があった場合には、被相続人が物納申請している相続税額について、各相続人がその物納申請を行っているものとして取り扱われます。

従って、物納申請中の土地は相続財産になり、物納申請に係る未納の相続税は債務控除の対象となります。

［注意点］

①物納申請書は、相続税の納期限又は納付すべき日（相続税の申告期限は相続の開始があった日から１０ヶ月以内）までに提出しなければなりません。

　国は、物納財産を換金する訳ですから、物納要件は細かく規定されており、要件を満たしていない場合には却下されたり物納財産の変更を求められたりすることもあります。

　このため、物納申請中に相続があった場合には、物納について一定の結論が得られるまでの間は遺産分割を行わないほうがいいでしょう。

②物納申請中の財産と、その物納申請に係る未納の相続税債務の承継についてですが、承継する財産と承継する債務の割合が異なる場合など、承継の方法によっては、問題が発生する場合がありますので、事前に税理士などの専門家にご相談されることをお勧めします。

Q. 被相続人は１０年ほど前から孫名義で毎年１１０万円の定期預金を作成していましたが、預金証書を被相続人本人が保管していた場合にはどうなりますか。また、自社株を孫名義にしていた場合はどうなりますか?

A. 　相続財産であるかどうかは、名義だけでなく贈与の事実に基づいて判定されるので、その記録を残しておくことが重要です。

［ポイント］

①他人名義の預金でも遺産に含まれる場合があります。

②贈与事実の証拠資料として贈与税の申告書があるとよいでしょう。

③贈与税の申告書がない場合には、贈与契約書、印鑑所有者、通帳の名義、通帳の届出住所、印鑑の保管者などを総合的に勘案して判断されます。

④現金→振込で通帳に記録を残す。

⑤未上場株式のように贈与契約書の日付が客観的に証明できない場合は公証役場で確定日付をとる。

(1) 調査では特に注目されます

　相続税の調査において我々実務家を悩ませる問題として家族に対する名義預金と名義株の問題があります。

　家族名義とされている預金や株式が、実質的にも名義人の財産であるのか、それとも亡くなった被相続人の財産なのか、その判断に苦しむケースがあります。よくあるケースとしては質問のケースのように孫に基礎控除額以下（現行110万円）の金銭を毎年贈与し、長年にわたって贈与しているケースです。

(2) 名義財産の考え方

　ここでは(1)でよくあるケースとしてあげたうちの名義預金について考えてみましょう。

　家族名義の預金については、預金となる資金が被相続人から支出されているかどうかが問題となります。したがって、単に被相続人の名義預金であるのか、被相続人から家族へ贈与された預金であるか確認する必要があります。

　その結果、家族への贈与事実が認められる預金の場合には家族本人の財産として相続財産から除外されますが、逆に贈与事実が認められなければ、被相続人の相続財産に含めることになります。

(3) 実務上の留意点

　質問のケースでは、毎年の積立金額が110万円であるため、贈与税の申告義務はありません。したがって、贈与事実の証拠資料として、贈与税の申告書の保存がないことから、ポイントにもあるように次のような事項を総合的に勘案して判断する必要があります。

①贈与及び贈与者ごとに贈与契約書が作成されているか。この場合は確定日付があるものは贈与事実の資料として有効です。

②定期預金に使用されている印鑑は、受贈者本人のものか。

③贈与した事実が、贈与者名義、受贈者名義の通帳の記録等により明らかであるか。

④受贈者名義の定期預金通帳又は証明の届出住所が受贈者の住所であるか。

⑤受贈者は、定期預金通帳又は証書及び印鑑を自らが保管管理していたか。

そして①から⑤の各項目を総合勘案した結果、贈与の事実が確認できる場合には、家族に対して毎年110万円の贈与があったものとして相続財産に含める必要はありません。

しかし、この場合にも代襲相続や養子などにより孫が相続人である場合には、相続開始前3年以内に贈与された預金については、相続税の計算上課税価格に加算されるので注意が必要です。また、贈与事実が確認できない場合には被相続人所有の定期預金として相続財産に含めることになりますので、必ず贈与時に贈与事実を明らかにしておきましょう。

質問のケースでは、孫名義の定期預金は孫が支配していないので被相続人の預金として、相続財産として課税対象になると思われます。

(4) 名義財産の時効

　民法上の贈与とは諾成契約による必要があることから、質問の
ケースでは被相続人が孫名義で毎年預金をしていてもその預金の
存在をその孫が知らない場合には、孫による受贈の意思表示がな
いことから贈与は成立していないと考えられます。

　そのため、孫名義の預金が行われて何年経過していても民法上
の贈与が行われていない以上税務上の時効は成立しないことにな
ります。これは名義株の場合も同様です。

Q. 遺産分割協議をして相続税の申告書を提出しましたが、後になって自筆証書遺言が発見されました。どうすればいいですか?

A. 遺言書の内容に従って遺産を分配し直すことができます。

（1）遺言の効力

　遺言は遺言者の死亡の時から効力を生じます（民法985条①）。そのため、遺産分割協議をして相続税の申告書を提出した後に遺言書が発見されたときは、遺産分割を無効とし、遺言の内容に従って分配をし直すことができます。

　ただし、関係者全員の合意があれば遺産分割を有効とすることや、遺言の内容を考慮した形で遺産分割をやり直すこともできると思われます。従って、遺言の内容に合っていなくてはならないとは言い切れないでしょう（Q66参照）。

　ここでは、遺言の内容に従って遺産を分配し直したものとして説明を続けていきます。

（2）税務上の手続き

　税務上、遺言の内容に従うことにより関係者が負担する相続税が変更したときは、下記の手続きをします。

①遺産分割では何も取得しなかったが、遺言により財産を取得し、相続税を負担することがわかった人
　　　　……期限後申告書を提出し、相続税を納付します。

②遺産分割より多く財産を取得し、当初の申告で納付した相続税が少ないことがわかった人
　　　　……修正申告書を提出し、差額の相続税を納付します。

③遺産分割より少なく財産を取得し、当初の申告で納付した相続税が多いことがわかった人
　　　　……更正の請求をし、相続税の還付を受けます。

　①は決定を受けるまで、②は更正を受けるまで行うことができます。ただし、③は遺言書を発見してから４ヶ月以内にのみ行うことができます（相法32条）。

　ここで気を付けなくてはならないのは①～③の関係です。③で相続税が少なくなる人が更正の請求をした場合、同時に①又は②により相続税を納付する人が現れます。そのため、③の更正の請求をする人がいる場合には、①又は②に該当する人は期限後申告又は修正申告をすることが必要です。

　また、全体の相続税が変わらないため、関係者の間で負担する相続税を移動して手続きを終了することも可能です。ただし、取得した財産を譲渡した場合に受けることができる「相続税の取得費加算の特例（Q46参照）」は申告書等に記載されている金額をも

とに行いますので、正しく特例を受けるためには①～③の手続き
をすることが必要です。

［具体例］
相続財産が7億円、相続人は配偶者と子供3人の場合
（税額は概算になります。また税額軽減の規定は一切考慮しており
ません。）

当初	取得財産	相続税
配偶者	4億円	11,297万円
長男	2億円	5,649万円
長女	1億円	2,824万円
次男	0円	0円
合計	7億円	19,770万円

遺言書発見後	取得財産	相続税
配偶者	4.5億円	12,710万円
長男	1億円	2,824万円
長女	1億円	2,824万円
次男	0.5億円	1,412万円
合計	7億円	19,770万円

　上記のような場合、長男は取得する財産が少なくなっているの
で2,825万円の更正の請求（前記③）を、配偶者は取得する財産
が多くなっているため1,413万円の修正申告（前記②）を、次男
は新たに財産を取得したため1,412万円の期限後申告（前記①）
を行うこととなります。
　なお、遺言書の発見による期限後申告・修正申告については、
延滞税・加算税は課されません。

65 限定承認は慎重に！

Q. 父が相続財産を１億円ほど遺して
亡くなりましたが、
債務も同じくらいあるようです。
このように債務の金額が
明らかでない場合にはどういう
相続の仕方をしたら良いのでしょうか?

A. 限定承認による相続をすると良いでしょう。

（１）限定承認とは

　限定承認とは相続により取得した財産を限度として被相続人の
債務及び遺贈の義務を負担する相続です（民法922条）。財産の
清算手続きを行い、その全てで債務を弁済できないときは、その
弁済できない部分は切り捨てられます。逆に財産が残れば相続人
が相続することになります。従って、本問のように債務の金額が
わからない場合には限定承認を行うと良いでしょう（財産より債
務が多い場合には相続の放棄をすることをお勧めします）。限定
承認は財産の清算が難しくなると困るため、相続人全員で行いま
す。また、相続の開始があったことを知った日から３ヶ月以内に
選択しなければなりません。

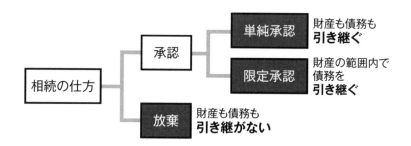

(2)限定承認があった場合の課税関係

①譲渡所得の課税

　限定承認をすると、山林又は譲渡所得のもととなる資産について
は、被相続人から相続人に対して譲渡があったものとみなして
取り扱われます。つまり、相続開始時に時価で譲渡があったもの
とみなして譲渡所得税が課されるのです。例えば10年前に2
千万円で購入した土地の相続開始時の時価が3千万円になってい
たとします。この場合、（3千万円−2千万円）×20.315％＝
2,031,500円が譲渡所得税等として課されます。これは、譲渡
所得税等を被相続人の他の債務と合計し、相続財産を超える部分
は切り捨てようとする考えによります。

　相続人は、被相続人の準確定申告で、相続の開始を知った日の
翌日から4ヶ月以内にこの申告と納税を行わなくてはなりません。

②相続税の課税

　相続税では、被相続人の債務は債務控除の対象となります。①
の譲渡所得税も、被相続人の債務として、債務控除の対象となり
ます。

　また、①で譲渡所得税が課された財産は、通常の相続財産と同
じように相続税評価額で評価され、相続税の課税価格に算入され
ます。例えば上記の土地が被相続人の居住用建物の敷地100㎡で、

路線価が24万円だとすると約2,400万円が相続税評価額になります。①で相続開始時の時価が使用されるのは、被相続人が所有していた期間の資産の値上がり益を、被相続人の所得として清算するためですので、相続税の計算上は使用されません。

　また、これらの財産には、小規模宅地等の特例なども通常どおり適用されます。土地を取得したのが配偶者である場合には、2,400万円の80%である1,920万円が減額され、差額の480万円が課税価格に算入されます。

③限定承認により取得した財産を売却した場合

　限定承認により取得した財産を売却した場合には、その財産は相続人が相続開始時の時価で取得したものとみなして譲渡所得税が計算されます。これは、①で被相続人が所有していた期間の資産の値上がり益にかかる課税が終了しているからです。

Q. 父は友人の借入金の保証人となり、不動産を担保の用に供していました。
ところが友人が事業に失敗し、資力喪失したため債権者より保証債務の履行を請求されることとなりましたが、その履行をできないまま死亡してしまいました。
相続税の申告期限までに不動産の売却により保証債務を履行した場合の相続税等の課税関係はどうなりますか?

A. 　相続税では一定の要件を満たせば債務控除することができ(相基通14-3)、所得税でも一定の要件を満たせば譲渡収入金額がなかったものとみなされます(所法64②)。

［ポイント］
①保証債務の意義（民法447条）。
②保証債務は原則債務控除できません。
③相続開始時に主たる債務者が資力を喪失等して弁済不能の状況
　にあり、保証人がその債務を履行しなければならず、かつ、求
　償権を行使できないときは債務控除できます。
④保証債務の履行のために不動産を売却した場合に、求償権を行
　使できなくなった金額は譲渡収入金額がなかったものとみなさ
　れます。

（1）保証債務とは

　保証債務とは「保証人は、債権者との間で主たる債務者がその
債務を履行しない場合に、それを履行する責任を負う」というこ
とです。つまり、もっぱら主たる債務を担保することを目的とし
て存在するものになります。

（2）保証債務の履行に当てはまるケース

　保証債務の履行に当てはまるケースとしては、主として次のよ
うなものがあります。

①保証人、連帯保証人として債務を弁済した場合。
②連帯債務者として他の連帯債務者の債務を弁済した場合。
③身元保証人として債務を弁済した場合。
④他人の債務を保証するため、抵当権などを設定した人がその
　債務を弁済したり、抵当権などを実行された場合。

(3) 実務上の留意点

①相続税

　保証債務については、原則として相続税の課税価格の計算上、債務控除の対象にはなりません。しかし、相続開始時において主たる債務者が資力喪失等の理由で弁済不能の状態にあるため、保証人がその債務を履行しなければならない場合で、かつ、主たる債務者に求償しても返済を受けられる見込みがない場合には、その部分の金額に限り債務として控除することができます（相基通14-3）。よって質問のケースでは友人が弁済不能な状態であり、友人に求償しても返済される見込みがない場合には、債務控除することができます。

②所得税

　保証債務の履行のために不動産を売却した場合であっても、原則として、所得税が課税されます。しかし、保証債務を履行するために資産を譲渡した場合において、その履行に伴う求償権の全部又は一部を行使することができなくなったときは、その行使することができなくなった金額については、譲渡所得の金額の計算上、譲渡収入金額はなかったものとみなされます（所法64②）。この場合は、保証債務を相続税の課税価格の計算上、被相続人の債務として控除した場合であっても適用されます（所基通64-5の3）。よって質問のケースにおいて上記の要件を満たせば譲渡所得税は発生しないことになります。

③贈与税関係

　債務の肩代わりをしてもらった人については、債務の免除による利益を受けたものとして、原則として贈与税が課税されます。しかし、債務者が資力を喪失して債務を弁済することが困難であ

る場合において、債務の免除を受けたときは、贈与税は課税され
ません（相8、相基通8-1、8-3、8-4）。

Q. 遺言書と異なる分割をした場合、贈与税等の課税関係が発生しますか。

A. 遺言に従って分割するのが原則ですが、相続人及び受遺者がその遺言を放棄し、全員の同意により分割する訳ですから、贈与税等の課税関係はないと考えられます。

（1）民法上の取扱い

相続財産には権利だけでなく義務も含まれるので、遺言の自由が原則となると同時に、相続を拒否する自由も認められる必要があり、民法では遺言を放棄することが認められています（民法986条①）。

遺言と異なった遺産分割をした場合、相続人及び受遺者が一旦包括遺贈の放棄をし、その財産を未分割状態に戻した上で分割協議をしたものと考えられます。

民法上、相続人は、相続の開始があったことを知った時から3ヶ月以内に放棄の手続き（家庭裁判所に申述）をしなければなりません（民法915条②）が、包括受遺者についてもこの規定が準用されます（コンメンタールp6053　包括遺贈）。

(2) 実務上の取扱い

　実務上は、遺言書とは異なる内容で分割したいという事例はかなり多いようです。また、民法上は、上記のように放棄の手続きをとらなければなりませんが、実務上は事実上の放棄という点に着目して、上記のような放棄の手続きを要しません。遺言書の内容がどのようなものであっても、相続人及び受遺者全員の同意により分割する訳ですから、その遺産分割は有効に成立し、贈与税の問題は起こらないと考えられます。

(3) 受遺者に相続人以外の者がいた場合

　受遺者に相続人以外の人がいた場合に、その相続人以外の人を加えて分割した場合はどうでしょう。

　これは、それは相続人が一旦財産を取得して、その中から相続人以外の人へ贈与したこととなり、贈与税が課税されることになります。遺言と異なる割合、手法により法定相続人以外の者に財産を配分するときは気をつけなければなりません。

(4) 遺言執行者がいる場合

　遺産執行者は相続財産の管理その他遺言の執行について必要な一切の行為をする権利・義務を有する（民法1012条、1013条）ので、遺言執行者の同意がない場合は遺言と異なる分割はできないこととなります。

　このような事態を避けるために、遺言執行者は原則相続人とするのがよいでしょう。

Q. 配偶者が子の了解を得ないまま、遺産分割前に被相続人の預貯金額の3分の1に法定相続分を乗じた金額の払い戻しを受けた時に「配偶者の税額軽減」の適用はありますか?

A. 預貯金の一部払い戻しは、遺産の一部分割により取得したものとみなして「配偶者の税額軽減」の適用があります。

(1)従来の取扱い

これまで、相続の財産に預貯金がある場合には、その預貯金については遺産分割の対象とならず、相続開始と同時に各共同相続人が法定相続分によって取得するとされていました。

しかしながら、実際の金融機関の取扱いは法律上と異なり、遺産分割協議書や遺言書の提出または金融機関の所定用紙に相続人全員の署名・捺印をすることにより、預貯金の払戻しに応じてきました。

(2)民法改正による預貯金の払戻し

平成28年12月19日、最高裁判所の大法廷にて「預貯金が遺産分割の対象とする」とする決定がなされ、これにより民法が改正

され、遺産分割が確定する前であっても、預貯金の一部払戻しができる制度が創設されました。

　この制度により、他の相続人の同意がなくても、預貯金の口座ごと（定期預金の場合には明細ごと）に3分の1に法定相続分を乗じた額を、一金融機関あたり150万円を限度として預貯金の払戻しを受けることができるようになりました（民法第909条の2）。

　この場合たとえば、1,500万円の残高がある預貯金について配偶者が払戻しを受ける場合、3分の1に法定相続分の2分の1を乗じた金額は250万円になりますが、あくまでも払戻しの対象となる金額は限度額の150万円となります。

　この制度を利用して配偶者が払戻しを受けた金額は、遺産の一部の分割によりこれを取得したものとみなされます。

(3)配偶者の税額軽減の取扱い

　配偶者の税率軽減（相続税法19条の2）は「分割されていない財産」については適用されません。

　上民法改正による預貯金の一部払戻しは、遺産の一部を分割により取得したものとみなされますので、他の分割確定財産と同様に、配偶者の税額軽減の適用を受けることができます。-1

「配偶者の税額軽減」は「分割された財産」に該当することが必要

分割された財産に該当!!

払戻請求 → 払戻しを受ける

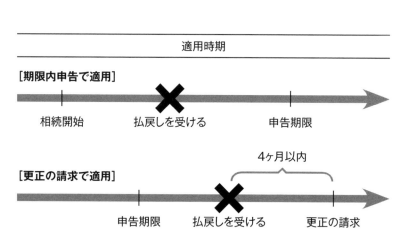

適用時期

[期限内申告で適用]

相続開始　　払戻しを受ける　　申告期限

4ヶ月以内

[更正の請求で適用]

申告期限　　払戻しを受ける　　更正の請求

第3章　民法と税の接点

Q. 私達子供（ＢとＣ）は、父の相続で後妻であるＡと遺産分割いたしました。その時の条件として、ＡはＢ・Ｃと養子縁組をすることを前提にして、かなり多くの財産をＡに相続させました。その後、数年して、ＡはＢ・Ｃとの養子縁組を解消する旨の申し立てを家裁にすると同時に、相続した不動産を売却したいと言い出しました。そこでＢとＣは「遺産分割協議は錯誤により無効である」と主張して家裁に提訴いたしました。家裁での話し合いの結果、遺産分割のやり直しの和解勧告を受けていますが、遺産の再分割は贈与税等がかかるのでしょうか?

A. 単純な遺産分割のやり直しは相続人間の贈与又は譲渡とされることがありますが、このような場合には贈与税等の課税は行われ

ないと考えられます。

（1）単純な遺産分割のやり直しは 贈与又は交換等

　相続における遺産分割は、その分割方法が現物分割、代償分割、もしくは換価分割であるか、また、その分割の手続が遺産分割協議、調停、もしくは審判による分割であるかどうかを問わずどのような分割であれ有効に成立すれば一件落着となります。

　しかし、一旦有効に成立した遺産分割につき、遺産分割のやり直しとして再分配した場合には、その再分配により取得した財産は、先程述べた「分割により取得した財産」には該当しません。

　つまり、一度各相続人が取得した財産をさらに贈与又は交換等によって移転したとみなされることがあるので注意が必要です（相続税基本通達19の2-8）。

（2）遺産分割が無効であったり、 取消し得べき原因により取消された場合

　では、当初の遺産分割が無効であったり、取消し得べき原因により取消された場合にはどうなるのでしょうか？

　単純なる遺産分割のやり直しは贈与税又は所得税等の対象になるという考え方は、遺産分割が法律上有効に成立したものであることを前提にしたものです。したがって、当初の遺産分割が無効であったり、取消し得べき原因により取消された場合には、当初の遺産分割による財産の帰属自体に問題があったことになりますので、そのやり直しが本来の遺産分割であると言えます。ですから、このような場合には、贈与税等の課税関係は生じません。

(3) 遺産分割の合意解除

　では、遺産分割を相続人全員で合意解除した場合にはどうなるのでしょうか?

　過去の判例は遺産分割協議が遺産の帰属を相続時に遡及して創設的に定める一種特別の合意であるという特殊な性格があるということ、また、遡及を有する遺産の再分配を認めると法的安定性が著しく害されるといった理由から民法541条などによる法定解除は許されないという考え方をとっていました。しかし、平成2年の最高裁判決により「共同相続人はすでに成立している遺産分割について、その全部または一部を全員の合意により解除したうえ、改めて分割協議を成立させることができる」という判断を示しました(最高裁平成2年9月27日判決)。

(4) 遺産の再分割時の注意点

　裁判による解除であれ合意解除であれ無条件で再分配が認められるわけではなく、①裁判上の争いが馴れ合い的な訴訟かどうか、②裁判所の和解勧告により当初の遺産分割が無効であることを確認した事実経過的な内容、③合意解除した時期・理由が重視されるものと考えられます。

70 相続人に変動がある場合の取扱い

Q. 平成元年３月に私Ａと弟Ｂは父の相続税申告書を提出いたしました。ところが平成２年１月に突然新たな兄弟Ｃが存在することがわかり、そのＣとの遺産分割の話し合いは平成８年11月に裁判所の判決で決着いたしました。我々Ａ・Ｂは相続財産をＣに渡したので相続税が戻ってくると思いますが、Ｃの相続税はどうなりますか？

A. 　平成15年４月以降については、Ａ・ＢについてはＣへ価額弁償を支払った日から４ヶ月以内に更正の請求ができ、Ｃについては税務署より増額更正を受ける可能性があります。

（1）東京高裁平成14年11月27日判決 概要

　実はこれと同じ内容の案件がかつて争われました。それが東京高裁平成14年11月27日判決であります。その内容は、平成元年3月に三兄弟が相続税の期限内申告を行いました。そのほぼ1年後の平成2年1月に突然、裁判所の認知判決により相続人である新たな兄弟（認知された子供）が現れました。その三兄弟と認知された子供は裁判で争い、結局遺産分割に代わるものとして三兄弟から認知された子供に約5千万円の金銭を支払えとの判決が出されました。

　そこで三兄弟はその支払判決から4ヶ月以内に更正の請求を行い相続税の還付を請求しました。

　更正の請求を受けた所轄税務署は、その日から4ヶ月以内に、三兄弟の裏腹の関係で認知された子供に相続税を払えという「増額更正」を行いました。

　しかし、認知された子供は、増額更正できる期限は「認知判決が確定した日」平成2年1月から4ヶ月以内であるとして争い、東京地裁平成13年5月25日判決、東京高裁平成14年11月27日判決の両方において、認知された子供の主張が通りました。

(2) 判決の考え方

　東京地裁でも東京高裁においても、「相続税法第32条第1項二号により認知判決確定の日＝平成2年1月9日から4ヶ月以内」又は、「国税通則法23条②より支払判決確定の日＝平成8年11月26日から2ヶ月以内」が更正の請求の期限であると判示しました。

　したがって、課税庁が行った相続税法35条③に基づく認知された子供への増額更正も無効であるとして、取り消されてしまいました。

(3) 平成15年改正

　つまり、上記(2)のケースでは、認知された子供への課税もれが生じてしまいました。そこでその部分を補うために相続税法の改正が行われました。

　つまり、相続税法第32条第1項六号に、民法910条(分割後の被認知者の請求)に基づく請求により弁済額が確定した場合、さらに条件付き・期限付き遺贈の条件が成就することとなり、期限が到来した場合も更正の請求事由とみなすと改正されました。

Q.

父が亡くなりました。相続時の財産といえるのは、弟への死亡保険金だけですが、私は遺留分の侵害額請求はできますか。

A.

　　現在のところ、遺留分の侵害額請求の対象となるか否かは説が分かれます。

（1）生命保険金は相続財産か

　民法において、兄弟姉妹以外の相続人は、基本的には法定相続分の2分の1の相続財産を遺留分として遺留分侵害者に対して請求することができます。

　ですが、民法上、相続人が受取人である生命保険金は受取人の固有の権利であり、相続財産にあたらないとする判決が出されています。また実務上もこれが通説です（大判昭11・5・13民集15・11・877、最判昭40・2・2判時404・52）。

（注：相続税法上は、相続人が受取人である生命保険金は課税の公平の立場から「みなし相続財産」とされ、課税されます。）

(2) 生命保険金は民法上の 「特別受益」にあたるか

　特別受益とは、相続人の中に被相続人から遺贈や生前における特別な贈与を受けた者がいる場合に、相続の際に不公平な結果とならぬよう、これを相続分の前渡しとみなす、遺贈や贈与などの特別な受益をいいます。法定相続分の計算上は、これを相続財産に加算して(持戻しといいます)法定相続分を計算します。

　したがって、生命保険金が被相続人から相続人への特別受益となれば生命保険金が法定相続分の計算上考慮されることになります。

　(1)の考え方に基づけば、生命保険金は被相続人の固有の権利ですから、特別受益にもならないと考えられますが、学説・判例上は特別受益になるか否かについて考えが分かれています。

①否定説

　否定説は、文理上民法903条の生前贈与・遺贈にあたらないこと、相続人の通常の意思に沿うこと、減殺請求後の保険金の帰属の問題から、生命保険金は特別受益にあたらないとする説です(東京家審昭55・2・12家月32・5・46、抗告審東京高決昭55・9・10判タ427・159等)。

②肯定説

　肯定説は、学説上は相続人の間の実質的公平等の見地を重視して、特別受益にあたるとする考え方です。審判例では、相続人の間の公平の観点から遺贈と同視すべき財産の無償処分とするもの(大阪家審昭51・11・25家月29・6・27)や、被相続人の生存中の財産から何らかの出捐(保険掛金の支払)があるので、被相続人からの特別受益とするもの(福島家審昭55・9・16家月33・1・78)

などがあり、持戻しを認めています。ただし、持戻す金額についても様々な学説に分かれています。

（3）生命保険金が特別受益と認められる場合の遺留分侵害額請求の取扱い

　特別受益と認める場合において、遺留分侵害額請求ができるかどうかも肯定説と否定説に分けられますが、公平の見地から遺留分侵害額請求の対象とする、というのが通説です。遺留分侵害額請求は、いわゆる形成権であり裁判上の手続きは要しませんが、確実に侵害額請求の意思が伝わることが重要ですので、通常内容証明郵便が用いられます。これによっても財産の返還がない場合は、家事調停・民事訴訟による法的な手続きによることになります。

　侵害額請求による税務手続きにおいては、新たに財産を取得した者の期限後申告・修正申告は税務署長による決定・更正があるまでいつでもできますが、侵害額請求を受けた者の更正の請求は、「されています。（相法32条1項4号）した日の翌日から4ヶ月以内とただし2019年7月1日より、遺留分の精算を現物で行うと、この場合は長男に譲渡所得税がかかる可能性があります。

　ただし生命保険に関する遺留分侵害額請求の対象となる金額についても学説は分かれています。具体的には①保険金の金額とする説、②契約者（被相続人）が死亡時に保険契約を解約したとするならば取得できる解約返戻金相当額とする説、③契約者（被相続人）が支払った保険料の合計額とする説などです。

72 適正な遺留分減殺

Q. 次男である私は献身的に被相続人である父の財産維持に貢献しましたが、長男に全てを渡すという遺言により財産をもらえませんでした。そこで遺留分減殺請求を行いました。遺留分は2億5千万円でしたが、土地以外の財産がなかったので3億円の土地をもらいました。この場合に差額の贈与税が課税されますか？

A. 相続人の間の合意で寄与分などを考慮した結果、3億円となったのであれば差額の5千万円について贈与税はかからないと考えられます。ただし2019年7月1日より、遺留分の精算を現物で行うと、この場合は長男に譲渡所得税がかかる可能性があります。

（1）遺留分侵害額請求

相続人である特定の子供に全ての財産を相続させるとの遺言があった場合、相続人である他の子供には、最低限度の生活保障という観点から、法定相続分の半分の遺留分という権利が認められており、法定相続分の半分までは相続財産を返してもらうことができます。この場合、遺言の指定があった子供と遺留分侵害額請

求する子供とは、経済的には対立した関係にあると言えます。この場合、単純にその相続時の財産額だけではなく、被相続人の財産維持等に貢献した人の寄与分が問題となる場合があります。

(2) 寄与分

　この寄与分とは、昭和55年民法改正により明文化されたもので、共同相続人中に被相続人の財産維持又は増加について特別に寄与した者があるときには、相続分とは別に寄与分としてその相続人に取得させることとしたものであります。

　実務的には、被相続人が相続開始の時において有していた財産の価額から共同相続人の協議で定めたその者の寄与分を控除したものを相続財産とみなし、法定相続分によって算定した相続分に寄与分を加えた額をもってその者の相続分とする取扱いであります。

(3) 遺留分における相続税実務

　厳密にいえば、遺留分相当額を取得すべきですので、多すぎても少なすぎても、贈与税の問題が発生するとも考えられます。

　しかし、経済的に対立関係にある当事者同士でお互いに贈与するという認識がまず存在しません。また、民法上の法定相続分につきましても、遺産分割までの潜在的な被相続人からの権利の取得割合を定めたものであり、遺産分割協議により、この法定相続分と異なる分割割合となっても贈与税の課税はありません。

　このケースでは、寄与分を考慮して3億円の不動産を取得した訳ですが、実際に遺留分侵害額の請求事案では、その価額を厳密に考えて、価額弁償金等を決めて分割するケースは少ないといえます。

Q. 10年前に公正証書により不動産の贈与を受け、令和4年に登記をしました。時効により贈与税は課税されないと思いますが、どうでしょうか？

A. 　不動産の贈与は登記があったときに成立しますので、令和4年に贈与税が課税されます。

（1）贈与による財産の取得時期

　民法上、贈与は、当事者の一方（贈与者）が自分の財産を無償で与える意思表示をし、相手方（受贈者）が受諾することによって成立するとされています（民法549）。ただし、書面によらない贈与については、当事者間でいつでも取り消すことができるため、履行があったときに成立するとしています（民法550）。

　税務上もこれを受けて、書面によるものはその契約の効力の発生した時、書面によらないものはその履行の時に成立するとしています（相基通1の3・1の4共-8）。

（2）効力の発生した時とは

　では、書面による贈与について、実際に効力を発生した時とは、いつになるのでしょう。契約書に記載された日でよいのでしょうか？

　契約書に記載された日に贈与が成立したとすると、記載日より後に財産を取得した場合には、実態にそぐわない課税関係が生じてしまいます。

　あくまで贈与税は財産の所有権の移転に応じて課税されるものであるため、契約書の内容を受けて、財産の所有権が移転した日に効力が発生したものと考えます。不動産などの財産については登記をした日をもって所有権の移転があったと考えます（相基通1の3・1の4共-11）。そのため、10年前に公正証書により不動産の贈与を受け、令和4年に登記をした場合には、令和4年に実際の贈与があったものとして、贈与税が課税されます。

この場合の贈与税の計算のもととなる価額は令和4年の相続税評価額となります。

（3）贈与税の時効

　贈与税は、申告書の提出期限の翌日から6年間で、時効により消滅します。

　たとえば、平成28年12月15日に贈与を受けた場合、平成29年3月15日が申告書の提出期限となりますから、令和5年3月16日以降は贈与税の納税義務はなくなります。ただし、不正行為があった場合には7年になりますので、令和6年3月16日以降になります。

74 同時死亡

Q. 夫と妻が同じ事故でなくなりました。
夫妻に子供はなく、
それぞれの両親は既に他界して、
親族が夫の弟・妻の兄の２人です。
この場合、夫の所有していた
財産について、法定相続人は
誰になるのでしょうか?

A. 　妻は夫と同時死亡したと考えられ、妻には夫の財産を取得する権利がありません。子供・夫の両親もいないことから、夫の法定相続人は、第3順位である夫の弟1人になります。

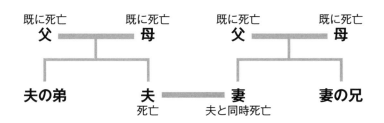

第3章　民法と税の接点

（1）同時死亡とは

　例えば同じ事故で、一度に数人が亡くなってしまった場合には、その数人の中で誰が何番目に亡くなったかと推定することは難しいため、このようなケースでは、その数人は同時に亡くなった、と民法上では推定することになっています(民法32の2)。

（2）相続人の取扱い

　「同時死亡」と推定されると、同時死亡者間では相続は生じないこととなるため、「同時死亡」した者は相続人となりません。したがって設問の例では、夫の財産について、法定相続人は夫の弟1人になります。

　また同じように、妻の財産については、夫は相続できないことから、法定相続人は妻の兄1人になります。

　もし同時死亡の推定が覆るような反証があり、例えば夫が先に死亡したことが証明された場合には、夫の相続人は妻と夫の弟となり、妻の相続した夫の財産は妻の相続人である妻の兄が取得することとなります。

（3）死亡給付金の受取人は誰になるか

　死亡給付金については、一般的には、契約又は約款で死亡給付金の受取人が指定されているため、民法上の相続財産にはあたりません。

　それでは、このケースの例で、生命保険契約の契約者・被保険者が夫、指定受取人が妻の場合において、妻と夫が同時死亡となったときは、死亡給付金を受取る権利が誰にあるかというのはいくつかの解釈がありましたが、平成21年6月2日最高裁判決で

は、死亡給付金を受取る権利があるのは妻の兄である、と判断されました（事件番号平成21（受）226）。

（4）最高裁判決の主旨

　保険事故発生時、つまり被保険者の死亡時に、死亡給付金の指定受取人がすでに亡くなっていた場合には、その指定受取人の法定相続人又はその次順位の法定相続人が受取人となりますが、その受取人は被保険者が死亡した時に生存していた者に限られます。

　このケースでは、夫は民法32条の2により妻と同時死亡したと考えられ、指定受取人である妻の法定相続人にはなり得ません。夫が法定相続人に該当しないことから、夫の弟も次順位の法定相続人に該当しないことになります。よって、指定受取人の法定相続人は妻の兄のみで、妻の兄が死亡給付金を受取るものと判断されました。

Q. 長い間行方不明になっている兄弟がおり、その者名義の預金通帳の管理に困っていますが、民法上どのような手続きがあるのでしょうか?

A. 　生死が不明の者がいる場合には、利害関係者が家庭裁判所に「失踪宣告」の申立てをすることができます。家庭裁判所から失踪宣告がされると、行方不明者は戸籍上死亡したことになります。

(1) 民法上の手続

　生死が不明の者がいる場合には、その者の推定相続人など利害関係者が家庭裁判所に失踪宣告を求める申立てをすることができます。申立てがあった場合において、家庭裁判所は、一定期間(普通失踪3ヶ月以上、危難失踪1ヶ月以上)官報等で公告して、本人又は生存を知る者から届出がなかったときには、失踪宣告を行います(民法30)。この手続により、生死が不明の者は死亡したことが確定し、戸籍から抹消されます。

（2）生死が不明の者とは

　失踪宣告の対象となる行方不明者は、2種類に区分されます。

　1つは「普通失踪」といい、生死が7年間不明である場合で、7年間を満了した時に死亡したとみなされます。

　もう1つは「危難失踪」といい、戦争・船舶の沈没・天災ほか危難が及んだ後1年間生死が不明である場合で、危難が去った時に死亡したとみなされます(民法31)。

（3）相続税の申告

　家庭裁判所から失踪宣告が出されると、死亡したとみなされる日に相続が開始しますので、相続税の申告が必要になります。

　この場合、法定相続人は、失踪宣告が出された時ではなく、死亡とみなされた時で判定することになりますので、相続税の基礎控除・税額計算などについても、失踪宣告により死亡とみなされた日時点の法定相続人の数及び法定相続分によって計算します。相続税の申告期限については、通常は死亡を知った日から10ヶ月以内ですが、失踪宣告がされた場合には失踪宣告がされたことを知った日から10ヶ月以内になります。

（4）相続人のうちに生死不明の者がいた場合

　被相続人の相続人のうちに生死が不明の者がいた場合には、被相続人の遺産分割ができないため、その行方不明者の代理人として財産管理人選任の申立てを家庭裁判所に行う必要があります。代わりに、その行方不明の相続人について失踪宣告の申立て手続きをすることもできます。

　この場合において、失踪宣告により死亡とみなされた日が、被

相続人の死亡日より以前であれば、被相続人の法定相続人から外れます。同様に、被相続人の相続税の基礎控除・税額計算においても、法定相続人の数から除外されます。

(5) 失踪宣告の取消し

　失踪宣告の後に、実は生存していた又は死亡時が異なることが証明された場合には、本人又は利害関係者が家庭裁判所に請求することにより、失踪宣告が取消されます。この手続により、戸籍が元に戻るか、もしくは戸籍上の死亡日が修正されることになります(民法32)。

　ここで、既に受取っていた財産があった場合にはどうなるのでしょうか。原則として、失踪宣告によって受取っていた財産について、財産の取得者はすべて権利を失ってしまいます。しかし、実際には、現に利益を受けている部分のみ返還すれば良いことになっています。受取っていた財産について行った契約なども、善意で行ったとされるときには、遡って契約が無効になることもありません。

　また、戸籍上の死亡日が修正になった場合には、相続人がかわるケースも考えられます。相続人でなくなった者は、新たに相続人になった者に対して、現に利益を受けている部分を返還することになります。

76 意思能力と法律行為

Q. 私の息子は未成年ですが、
私が死亡した場合には、
息子が遺産分割協議に
参加することはできるのでしょうか?
相続人は妻と息子の2人です。

A. 　遺産分割協議に関しては、奥様はお子様の代わりに法律行為を行うことができませんので、特別代理人の選任の申し立てをする必要があると思われます。

(1) 法律行為としての遺産分割協議

　人の意思表示によって、その意思に従って権利や義務に変化を及ぼす行為を法律行為といい、法律行為には意思能力が必要とされています。

　遺産分割協議は、意思表示により財産移転の効果が生じる重要な法律行為であり、意思能力が必要とされます。

(2) 意思能力とは

　意思能力とは、自分の行為の結果を正しく認識し、これに基づいて正しく意思決定する精神能力をいうと解されています。精神上の障害により事理を弁識する能力を欠く常況にある者、つまり意思能力のない者については、本人に代わって法律行為を行う後見人の選任を申し立てることとなります。

(3) 未成年者の行った法律行為

　未成年者だからというだけでただちに意思能力を有していないということにはなりません。しかし、未成年者が法律行為をするには、法定代理人の同意が必要であり（民法5）、また、未成年者の財産は親権者が管理し、かつ、その財産に関する法律行為についてその子を代理する（民法824）ものとされています。

　ただし、親権者とその子が利益相反関係になる場合には、親権者が家庭裁判所に特別代理人の選任を請求しなければなりません（民法826）。

　この場合は、奥様とお子様は同じ相続人としての地位を有していることから、利益相反関係にあるため、奥様をお子様の代理人として遺産分割協議を行うことはできません。

　したがって、家庭裁判所に特別代理人の選任の申し立てをし、選任された特別代理人がお子様の代わりに遺産分割協議に参加し、遺産分割協議書に署名・捺印することになります。

　特別代理人の選任には数ヶ月かかる場合もあるため、遺産分割協議が成立しないまま、相続税の申告期限を迎えてしまうことも考えられます。この場合には未分割のままで相続税の申告をすることになります（相続税法55）が、その際には、遺産分割を要件とする相続税法上の優遇規定の適用を受けられませんので注意が

必要です。

（4）遺産分割を要件とする相続税法上の優遇規定

　申告期限までに分割協議が成立していない場合には、相続税法上の優遇規定の適用を受けることができませんが、申告期限から3年以内に分割協議が成立した場合等には、修正申告又は更正の請求により優遇規定を受けることが可能となり、3年以内に分割されないことにつき、やむを得ない事情がある場合に税務署長の承認を受けた場合には、その事情の消滅の日まで可能となる。ただし、期限内申告と修正申告・更正の請求と複数回の申告手続が必要となるため手間がかかりますので、早めに特別代理人の選任の申し立てをした方が良いといえます。

<遺産分割を要件とする相続税法上の優遇規定>
①配偶者の相続税額の軽減
②小規模宅地等についての相続税の課税価格の計算の特例
③国等に対して相続財産を贈与した場合等の相続税の非課税
④農地等についての相続税の納税猶予
⑤非上場株式等についての相続税の納税猶予
など

Q. 母が認知症と診断されました。父は入院しており、余命いくばくもないと医師から言われているのですが、父が亡くなった場合の遺産の名義変更は、母がサインをできなくても手続が可能なのでしょうか?

A. 遺産分割協議を成立させるためには、お母様について、成年後見人の選任の申し立てをする必要があると思われます。

(1) 成年後見制度とは

　成年後見制度とは、意思能力が十分でない方々を保護・支援するための制度です。成年後見制度を使えば、認知症の方がした契約を取り消したり、信頼できる人を代理人にして、その人が代わりに契約などをすることができるようになります。

　成年後見制度には、すでに意思能力が十分でない方に適用される「法定後見制度」と、十分な意思能力があるうちに本人の意思で後見人を選んで準備しておくことができる「任意後見制度」があります。

(2) 法定後見制度とは

法定後見制度とは、既に意思能力が十分でないため法律行為のできない人が法律行為をする際に、家庭裁判所によって選任された代理人が保護・支援する制度です。具体的には、①財産の管理(法律行為の代理を含む)や②本人が誤って行った法律行為の取り消しといった手助けを行います。

法定後見には、①軽度の精神上の障害により意思能力が不十分な方々を対象とする「補助」、②精神上の障害により意思能力が著しく不十分な方々を対象とする「保佐」、③精神上の障害により意思能力を欠く常況にある方々を対象とする「後見」があります。ただし、付与される権限の範囲については、補助人・保佐人・後見人で異なります。

(3) 遺産分割協議と成年後見人

相続人の中に意思能力を有していない方がいる場合には、家庭裁判所に成年後見人選任の申し立てをします。選任された成年後見人は、成年被後見人に関する法律行為を代理することができます。したがって成年被後見人の代わりに遺産分割協議に参加し、遺産分割協議書に署名・捺印するとともに相続税の申告書に捺印することになります。

ただし、成年後見人が成年被後見人と同じ相続人としての地位を有している場合には、いわゆる利益相反関係にあるため遺産分割協議にかかる法律行為を代理することはできません。この場合には、家庭裁判所が成年後見監督人を選任し、その成年後見監督人が成年被後見人を代理して遺産分割協議を行います。

（4）相続税の申告期限

　相続税の申告期限は「相続の開始があったことを知った日の翌日から10ヶ月以内」と決められています。しかし、この「相続の開始があったことを知った日」については、相続開始の事実を知ることのできる弁識能力がない幼児等については、「法定代理人がその相続の開始のあったことを知った日（相続開始時に法定代理人がないときは、後見人の選任された日）」とされています（相基通27-4）。

　したがって、このケースの場合には「お母様の成年後見人が選任された日の翌日から10ヶ月以内」がお母様の相続税の申告期限となるものと思われます。一方、お母様以外の相続人については、原則として死亡日の翌日から10ヶ月以内に相続税を申告しなければなりません。

　成年後見人又は成年後見監督人の選任までには数ヶ月を要することもあるため、ご家族全員の相続税の申告をスムーズに行うためにも、既に意思能力が十分でない方について、早めに成年後見人の選任の申し立てを行う必要があります。あるいは、意思能力があるうちに任意後見制度を活用して後見人を事前に選んでおくことも効果的といえます。

Q. 私は、被相続人である伯父の療養看護に努め、伯父の財産維持に貢献しましたが、これまで報酬などを受け取ったことは無く、遺言も無かったので遺贈により遺産をもらうこともできませんでした。療養看護を一切していない相続人が遺産をもらえるのに、私は何ももらうことができないのでしょうか？

A. 特別寄与料として、相続人に対し、金銭の支払いを請求できる可能性があります。

（1）特別寄与料の創設

　被相続人の療養看護等に努め、その財産の維持又は増加に寄与した場合に対する制度として、寄与分の規定（民法904条の2）がありますが、この対象となるのは相続人のみであるため、相続人以外の者が被相続人の療養看護に努め、被相続人の財産の維持に貢献した場合であっても、相続人でないことから遺産分割協議にも参加できず、何ら財産を取得することはできませんでした。このような取扱いに対して不公平であるとの意見もあったため、相続人以外の者の貢献を考慮するための方策として特別寄与料の制

度が創設されました(令和元年7月1日以後に開始する相続について適用)。

(2) 特別寄与料の概要

　特別寄与料の制度について、具体的には、
①被相続人に対して無償で療養看護その他の労務を提供したことにより
②被相続人の財産の維持又は増加について特別の寄与をした
③被相続人の親族(相続人など一定の者を除きます。以下「特別寄与者」といいます。)
に該当する場合は、相続の開始後、相続人に対し、特別寄与者の寄与に応じた額の金銭(以下「特別寄与料」といいます。)の支払いを請求できることとされました(民法1050条①)。

(3) 相続税の課税方法等

①特別寄与者の課税関係
　特別寄与料は相続人以外の親族から相続人に対して請求するものであり、被相続人から相続又は遺贈により取得した財産ではないものの、経済的には遺産の取得に近い性質を有するため、一連の相続の中で課税関係を処理することが適当であると考えられます。また、相続人以外の者に対する遺贈との課税のバランスをとる必要もあります。そこで、特別寄与料に対しては、(所得税や贈与税ではなく)相続税を課税することとされ、相続税法上、相続人からの特別寄与料の取得を被相続人から特別寄与者に対する遺贈とみなすこととされました(相法4条②)。なお、特別寄与者は法定相続人でないことから、相続税の総額を計算する際には法定相続人の数に含めないこととなります。

②特別寄与料を支払った者の課税関係

　特別寄与料を支払った相続人については、その支払いは被相続人の死亡に基因するものであり、一連の相続における課税関係の中で、課税財産から減額することが適当と考えられます。具体的には、債務控除の規定により、特別寄与料の額のうちその相続人が負担すべき金額を控除することとなります（相法13条④）。なお、相続人が複数いる場合には、法定相続分に応じた額を負担することとされています（民法1050条⑤）。

③申告期限までに支払いが確定しなかった場合

　特別寄与料について協議が調わないときは、特別寄与者が相続の開始及び相続人を知った時から6ヶ月を経過したとき、又は相続開始の時から1年を経過したときまでに家庭裁判所に処分を請求できるとされており（民法1050条②）、その後に特別寄与料の支払いが確定することになります。一方、相続税の申告期限は相続の開始があったことを知った日の翌日から10ヶ月以内であるため、具体的な特別寄与料が決定されるのは、申告期限後となる場合があります。

　この場合、特別寄与料を取得した者については、特別寄与料の支払額が確定したことを知った日の翌日から10ヶ月以内に、期限内申告又は修正申告をする必要があり（相法29条①、31条②）、特別寄与料を支払うこととなった相続人については、4ヶ月以内に更正の請求ができます（相法32条①七）。

(4) 特別寄与料の額

　特別寄与料の額は、「被相続人が相続開始の時において有した財産の価額から遺贈の価額を控除した残額を超えることができない」（民法1050条④）とされていますが、それ以外には明確な基準などが定められておらず、特別寄与者と相続人との話し合いに

より決めることとなります。協議が調わないときは、前述のとおり家庭裁判所に処分を請求でき、この場合、「寄与の時期、方法及び程度、相続財産の額その他一切の事情を考慮して、特別寄与料の額を定める」(民法1050条③)とされています。

　ここで、本問の事例においては、遺産分割における寄与分「療養看護型」の算定方法が参考になりますので、具体例を見てみましょう。

【標準的な計算式：①報酬相当額×②療養看護日数×③裁量的割合】
①報酬相当額…介護報酬基準などに基づく日当額 (概ね5,000円　　　　　　　　　　　　　～8,000円程度)
②療養看護日数…入院日数や療養看護サービスを受けた期間を除　　　　　　　　　　　いた日数
③裁量的割合…親族の扶養義務や専門家でない点などを調整する　　　　　　　　　　割合 (0.7が平均的)

　例えば、①報酬相当額を5,000円、②療養看護日数を500日、③裁量的割合を0.7とすると、「5,000円×500日×0.7＝175万円」と、特別寄与料の額が算定されます。ただし、これはあくまでも参考で、個別事情により認められる金額は異なりますので、ご留意ください。

Q. 配偶者居住権の概要を教えてください。

A. 配偶者居住権とは、夫婦の一方が亡くなった場合に、残された配偶者が、亡くなった人が所有していた建物に、亡くなるまで又は一定の期間、無償で居住することができる権利です。

（1）制度の概要（配偶者居住権）

　配偶者居住権とは、被相続人の配偶者が相続開始の時に居住していた被相続人の所有建物について、亡くなるまで又は一定期間、配偶者にその使用及び収益を認める権利です。ただし、配偶者は第三者に譲渡したり、所有者に無断で建物を賃貸したりすることはできません。

　令和2年4月1日以降に発生した相続から、遺産分割における選択肢の一つとして、配偶者に配偶者居住権を取得させることができることとされたほか、被相続人が遺贈によっても配偶者に配偶者居住権を取得させることができることとされました。

　この配偶者居住権について、以下の具体例で説明します。
夫が亡くなり、妻と子1人が相続人、夫の遺産は自宅不動産が2,000万円、預貯金が3,000万円、法定相続分（それぞれ2分の1ずつ）で相続すると仮定した場合です。

　配偶者居住権「なし」の場合には、配偶者は住む場所は確保できたものの、今後の生活費が不足する可能性があります。

1 配偶者居住権「なし」の場合

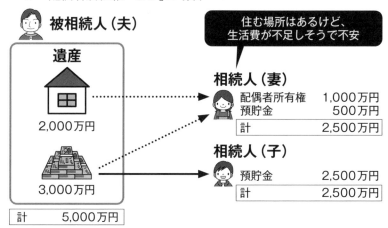

配偶者居住権「あり」の場合には、自宅不動産の権利を「居住権」と「所有権」に分けることで、配偶者が「居住権」を取得し、住む場所を確保しつつ、預貯金もより多めに相続することができるようになりました。

2 配偶者居住権「あり」の場合

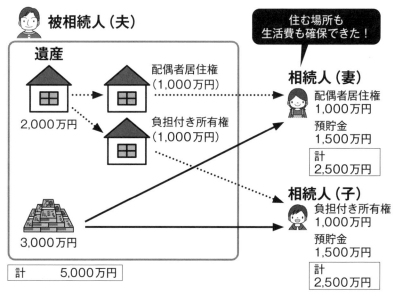

（２）配偶者居住権の成立要件

　配偶者居住権の成立要件は以下の通りです。

①配偶者が被相続人の財産に属した建物に相続開始の時に居住していたこと

②遺産の分割もしくは遺贈等によって配偶者居住権を取得するものとされたこと

③被相続人が相続開始の時において居住建物を配偶者以外の者と共有していないこと

（３）「居住権」と「所有権」の評価方法

１）配偶者居住権と居住建物の評価

配偶者居住権の価額は、居住建物の所有権部分の「配偶者居住権存続期間終了時の価額（将来価値）」を求め、それを現在価値に割り戻し、居住建物の時価からその割り戻した所有権部分の価額を控除した金額により評価します。

　具体的には、以下の流れになります。

①配偶者居住権存続期間終了時の居住建物の時価を減価償却に類する方法を用いて計算する

②①で計算した配偶者居住権存続期間終了時の居住建物の時価を法定利率による複利現価率を用いて現在価値に割り戻す（所有権部分の将来価値を現在価値に割り戻した価額を求める）

③居住建物の時価から②で求めた価額を控除して配偶者居住権の価額を算出

　居住建物の価額は、相続開始時における配偶者居住権が設定されていないものとした場合の居住建物の時価から上記で算出した配偶者居住権の価額を控除した残額により評価します。

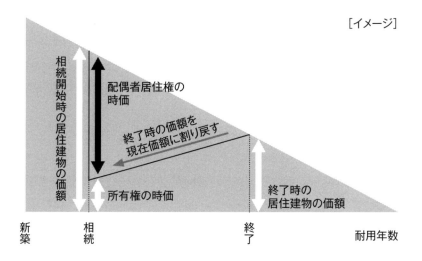

［イメージ］

相続開始時の居住建物の価額

配偶者居住権の時価

終了時の価額を現在価額に割り戻す

所有権の時価

終了時の居住建物の価額

新築　相続　終了　耐用年数

2）敷地利用権と居住建物の敷地の評価

　敷地利用権の価額は、居住建物の敷地について、所有権部分の「配偶者居住権存続期間終了時の価額（将来価値）」を求め、それを現在価値に割り戻し、居住建物の敷地の時価からその割り戻した所有権部分の価額を控除した金額により評価します。

　具体的には、以下の流れになります。

①配偶者居住権存続期間終了時の居住建物の敷地の時価を法定利率による複利現価率を用いて現在価値に割り戻す（所有権部分の将来価値を現在価値に割り戻した価額を求める）

②居住建物の敷地の時価から①で求めた価額を控除して敷地利用権の価額を算出

　居住建物の敷地の価額は、土地等の相続開始時における配偶者居住権が設定されていないものとした場合の時価から上記で算出した敷地利用権の価額を控除した残額によって評価します。

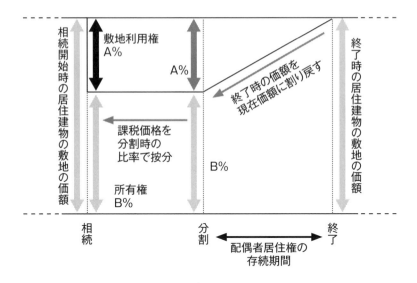

<配偶者居住権が設定された不動産のイメージ図>

（4）配偶者居住権を設定後に 配偶者が亡くなった場合

　配偶者が亡くなった場合には、民法の規定により配偶者居住権が消滅するものであり、配偶者から居住建物の所有者に相続を原因として移転する財産はないため、相続税は課税されません。

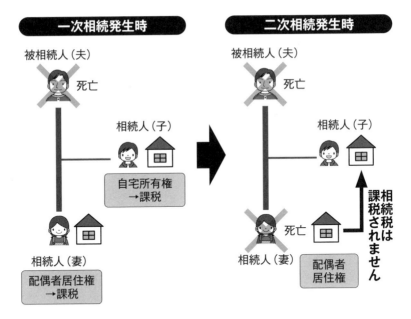

被相続人（夫）
死亡

相続人（子）

自宅所有権
→課税

相続人（妻）

配偶者居住権
→課税

被相続人（夫）
死亡

相続人（子）

死亡

相続人（妻）

配偶者
居住権

相続税は課税されません

（5）配偶者居住権を設定後に放棄、合意解除等があった場合

　設定された配偶者居住権を原則譲渡することはできませんが、存続期間の中途で以下のような事由によってもその存続期間中に消滅します。

①配偶者が放棄した場合

②配偶者と居住建物の所有者との間の合意により解除された場合

③配偶者が民法の用法遵守義務に違反した場合に、居住建物の所有者が配偶者居住権を消滅させた場合

　配偶者居住権の存続期間の満了前に何らかの事由により配偶者居住権が消滅した際に、居住建物の所有者から対価の支払いがない場合、または著しく低い価額の対価を支払った場合には、配偶者から居住建物の所有者に対して贈与税が課税されます。居住建物の所有者から対価の支払いがあった際には譲渡所得（総合課税）として課税されます。

（6）配偶者居住権への
　　小規模宅地等の特例の適用

　小規模宅地等の特例の適用対象となる「宅地等」には「土地の上に存する権利」が含まれますので、配偶者が取得する「配偶者敷地利用権」や配偶者以外の者が取得する「配偶者居住権が設定された居住建物の敷地の所有権等」についても、取得者や保有継続等の要件を満たせば、この特例の適用があります。

　小規模宅地等の特例の詳細につきましては、62ページを参照ください。

〈第4章〉

書式・シート集

★ 相続税額早見表　①配偶者あり（単位：万円）

課税価格 ＼ 子供の数	1人	2人	3人	4人	5人
10,000	385	315	262	225	187
15,000	920	747	665	587	530
20,000	1,670	1,350	1,217	1,125	1,032
25,000	2,460	1,985	1,800	1,687	1,595
30,000	3,460	2,860	2,540	2,350	2,242
35,000	4,460	3,735	3,290	3,100	2,930
40,000	5,460	4,610	4,155	3,850	3,660
45,000	6,480	5,492	5,030	4,600	4,410
50,000	7,605	6,555	5,962	5,500	5,202
55,000	8,730	7,617	6,900	6,437	6,015
60,000	9,855	8,680	7,837	7,375	6,912
65,000	11,000	9,745	8,775	8,312	7,850
70,000	12,250	10,870	9,885	9,300	8,830
75,000	13,500	11,995	11,010	10,300	9,830
80,000	14,750	13,120	12,135	11,300	10,830
85,000	16,000	14,247	13,260	12,300	11,830
90,000	17,250	15,435	14,385	13,400	12,830
95,000	18,500	16,622	15,510	14,525	13,830
100,000	19,750	17,810	16,635	15,650	14,830
110,000	22,250	20,185	18,885	17,900	16,915
120,000	24,750	22,560	21,135	20,150	19,165
130,000	27,395	25,065	23,500	22,450	21,457
140,000	30,145	27,690	26,000	24,825	23,832
150,000	32,895	30,315	28,500	27,200	26,207
200,000	46,645	43,440	41,182	39,500	38,082
250,000	60,395	56,630	54,307	52,050	50,500
300,000	74,145	70,380	67,432	65,175	63,000

※1　課税価格＝相続財産－債務・葬式費用
※2　配偶者は税額軽減を法定相続分まで活用するものとします。
※3　子供はすべて成人とし、孫との養子縁組はないものとします。

★ 相続税額早見表　②配偶者なし（単位:万円）

課税価格 ＼ 子供の数	1人	2人	3人	4人	5人
10,000	1,220	770	630	490	400
15,000	2,860	1,840	1,440	1,240	1,100
20,000	4,860	3,340	2,460	2,120	1,850
25,000	6,930	4,920	3,960	3,120	2,800
30,000	9,180	6,920	5,460	4,580	3,800
35,000	11,500	8,920	6,980	6,080	5,200
40,000	14,000	10,920	8,980	7,580	6,700
45,000	16,500	12,960	10,980	9,080	8,200
50,000	19,000	15,210	12,980	11,040	9,700
55,000	21,500	17,460	14,980	13,040	11,200
60,000	24,000	19,710	16,980	15,040	13,100
65,000	24,700	22,000	18,990	17,040	15,100
70,000	29,320	24,500	21,240	19,040	17,100
75,000	32,070	27,000	23,490	21,040	19,100
80,000	34,820	29,500	25,740	23,040	21,100
85,000	37,570	32,000	27,990	25,040	23,100
90,000	40,320	34,500	30,240	27,270	25,100
95,000	43,070	37,000	32,499	29,520	27,100
100,000	45,820	39,500	35,000	31,770	29,100
110,000	51,320	44,500	39,999	36,270	33,300
120,000	56,820	49,500	45,000	40,770	37,800
130,000	62,320	54,790	50,000	45,500	42,300
140,000	67,820	60,290	54,999	50,500	46,800
150,000	73,320	65,790	60,000	55,500	51,300
200,000	100,820	93,290	85,759	80,500	76,000
250,000	128,320	120,790	113,260	105,730	101,000
300,000	155,820	148,290	140,760	133,230	126,000

★ 贈与税額早見表 （単位:千円）

贈与金額	税額	実質税率
1,000	0	0.0%
1,500	40	2.7%
2,000	90	4.5%
2,500	140	5.6%
3,000	190	6.3%
3,500	260	7.4%
4,000	335	8.4%
4,500	430	9.6%
5,000	530	10.6%
5,500	670	12.2%
6,000	820	13.7%
6,500	970	14.9%
7,000	1,120	16.0%
7,500	1,310	17.5%
8,000	1,510	18.9%
8,500	1,710	20.1%

※贈与税額の計算式は次の通りです。
（贈与税額－110万円）×税率－控除額

第4章 書式・シート集

贈与金額	税額	実質税率
9,000	1,910	21.2%
9,500	2,110	22.2%
10,000	2,310	23.1%
15,000	4,505	30.0%
20,000	6,950	34.8%
25,000	9,450	37.8%
30,000	11,950	39.8%
40,000	17,395	43.5%
50,000	22,895	45.8%
60,000	28,395	47.3%
70,000	33,895	48.4%
80,000	39,395	49.2%
90,000	44,895	49.9%
100,000	50,395	50.4%
120,000	61,395	51.2%
150,000	77,895	51.9%

★ 相続財産の一覧表

			計算方法
財産	不動産	土地	路線価 ×面積（㎡）
		家屋	固定資産税評価額
		貸家	上記の70%
	有価証券	上場株式	現在の株価×持株数
		未上場株式	1株純資産×持株数等
		投資信託	現在の時価×口数
	現預金		現在の残高
	生命保険金等	生命保険金	保険金－非課税額
		退職手当金	退職金－非課税額
	その他	相続時精算課税に係る生前贈与財産の価額の合計額	贈与時の時価（相続税評価額）の合計額
		その他	
	財産合計		
債務	債務合計		
相続財産の合計額（財産合計－債務合計）			

		相続税評価額	備考
		万円	
		万円	納税通知書に記載されています
		万円	
		万円	新聞株価欄
		万円	1株純資産=相続税評価による純資産÷株式総数等
		万円	新聞株価欄
		万円	
		万円	非課税額=500万×法定相続人の数
		万円	非課税額=500万×法定相続人の数
		万円	
		万円	
		万円	
		万円	
		万円	

┌─────────────────────────────────────┐
│ **あなたの相続準備度は？** │
│ **基礎控除額を求めて相続税が支払えるかどうか** │
│ **チェックしましょう!** │
└─────────────────────────────────────┘

<相続税がかかるかどうかチェックしてみましょう。>

①法定相続人は何人ですか？　[　　　　] 人

②基礎控除額を計算しましょう。

5,000万円 ＋ 1,000万円 × [① 　　　　] 人 ＝ [　　　　] 万円

　　　　　　　　　　　　　　　 法定相続人数

③相続財産の合計額

[　　　] ＜ [②基礎控除額] [② 　　 万円] ⇒ 相続税はかかりません。

[　　　] 万円

[　　　] ＞ [②基礎控除額] [② 　　 万円] ⇒ 前ページ＜相続税額早見表＞で
　　　　　　　　　　　　　　　　　　　　　　相続税を求めてください。

約 [　　　　] 万円

※早見表にない場合は
おおよその金額を求めてください。

④第二次相続も計算してみましょう。

（a）第一次相続により取得した財産　　　[　　　　] 万円

（b）（a）＋配偶者固有の財産　　　　　　[　　　　] 万円

（c）＜相続税額早見表＞②配偶者がいない場合により

　　相続税額を求めます。　　　　　　　[　　　　] 万円

＜相続税が支払えるかどうかチェックしてみましょう。＞

（1）相続税の税額	万円

（2）支払資金の内訳　※相続財産の一覧表　参照	
①現金預金	万円
②上場株式	万円
③生命保険金	万円
④退職金	万円
⑤その他	万円
①～⑤　合計	万円

（3）相続税支払後のお金	
（2）－（1）	万円

（3）の金額が**プラス**	（3）の金額が**マイナス**

納税資金は安心♪
さらに余裕のある
相続計画を!

相続対策が
必要です!

贈与契約書

　贈与者 本郷太郎（以下、「甲」と称する。）と受贈者 本郷花子
（以下、「乙」と称する。）は次のとおり贈与契約を締結した。

　甲は乙に対して 現金 ×××円を 贈与することを約し、
乙はこれ承諾した。

令和〇〇年〇月〇日

　　贈与者（甲）　　住所　東京都〇〇区〇〇丁目〇番〇号
　　　　　　　　　　氏名　本郷太郎　印

　　受贈者（乙）　　住所　東京都〇〇区〇〇丁目〇番〇号
　　　　　　　　　　氏名　本郷花子　印

遺産分割協議書

最後の住所　　東京都○○区○○○丁目０番０号
最後の本籍　　○○県○○市○○町○○０番地

　被相続人　○○　○○　（令和○○年○○月○○日死亡)の遺産については、同人の相続人全員において分割協議を行った結果、各相続人がそれぞれ次のとおり遺産を分割し、債務を負担することに決定した。

記

1.相続人　○○　○○　が取得する財産
　　(1)土地
　　　　①　所　　　　　在　　○○区○○○丁目
　　　　　　地　　　　　番　　00番00
　　　　　　地　　　　　目　　○○
　　　　　　地　　　　　積　　000.00㎡
　　　　　　持　　　　　分　　00分の0

　　(2)家屋
　　　　①　所　　　　　在　　○○区○○○丁目０番地
　　　　　　家　屋　番　号　　00番
　　　　　　種　　　　　類　　○○
　　　　　　構　　　　　造　　○○○○
　　　　　　床　　面　　積　　00.00㎡

② (一棟の建物の表示)
　　　所　　　　在　　○○市○○区○○○丁目○○番地○
　　　建 物 の 名 称　　○○
　　　構　　　　造　　○○○
　　　床　　面　　積　　1階　　000.00㎡
　　　　　　　　　　　　2階　　000.00㎡

　　　(敷地権の目的たる土地の表示)
　　　土 地 の 符 号　　0
　　　所在及び地番　　○○市○○区○○○丁目0番0
　　　地　　　　目　　宅地
　　　地　　　　積　　0000.00㎡

　　　(専有部分の建物の表示)
　　　家 屋 番 号　　○○○○丁目00番0の000
　　　建 物 の 名 称　　○○
　　　種　　　　類　　○○
　　　構　　　　造　　○○○
　　　床　　面　　積　　0階部分　　00.00㎡

　　　(敷地権の表示)
　　　土 地 の 符 号　　0
　　　敷地権の種類　　○○
　　　敷地権の割合　　00000分の0000

2.相続人　　○○　　○○　　が取得する財産
　　相続開始日から本協議成立日までに生じた利息、配当金等
　の法定果実を含む

(1)預貯金
　①　○○銀行/○○支店
　　　○○預金　口座番号00000　　　　　　　　　　　○○円

(2)現金
　①　手許現金　　　　　　　　　　　　　　　　　　　○○円

(3)その他の財産
　①　電話加入権
　　　00-0000-0000　　　　　　　　　　　　　　　　　1本
　②　家庭用財産　　　　　　　　　　　　　　　　　　一式

(4)株式

3.相続人　○○　○○　は相続財産の分配を辞退する。

4.相続人　○○　○○　は以下の債務を負担する。

　①　借入金
　　　○○銀行　000000　　　　　　　　　　　　　　○○円

　②　公租公課/平成○年分準確定申告所得税
　　　○○税務署　　　　　　　　　　　　　　　　　　○○円

　③　葬式費用

以上のとおり、相続人全員による遺産分割の協議が成立したのでこれを証する為に本書を作成し、各自署名押印する。

　なお、その後新たに相続財産及び債務が発見された場合には、相続人全員で別途協議して決めるものとする。

令和　　年　　月　　日

　　　住　　所　　　東京都○○区○○○丁目0番0号
　　　相続人　　　　○○　○○　　　　　　　　　実印

　　　住　　所　　　東京都○○区○○○丁目0番0号
　　　相続人　　　　○○　○○　　　　　　　　　実印

　　　住　　所　　　東京都○○区○○○丁目0番0号
　　　相続人　　　　○○　○○　　　　　　　　　実印

遺言書

第一条　遺言者所有の下記財産を東京都○○区○○丁目○
　　　　番○号長男 本郷一郎 (昭和○○年○月○ 日生。以
　　　　下「一郎」)に相続させる

記

(1)土地

　　所　　　在　　東京都○○区○○丁目
　　地　　　番　　○番○号
　　地　　　目　　宅地
　　地　　　積　　○○㎡

(2)家屋

　　所　　　在　　東京都○○区○○丁目○番地○号
　　家屋番号　　○番○
　　種　　　類　　居宅
　　構　　　造　　○○
　　床 面 積　　○ ○㎡

第二条　遺言者所有の下記財産を東京都○○区○○丁目○
　　　　番○号長女 本郷花子 (昭和○○年○月○ 日生。以
　　　　下「花子」)に相続させる。

記

(1)預貯金
　①○○銀行／□□支店
　　普通預金　No,○○○○
　②上記以外の遺言者名義の預貯金の全部

(2)有価証券
　①○○証券／□□支店
　　△△製薬株式会社株式　5,000株
　②上記以外の遺言者名義の有価証券の全部

第三条　　　上記を除くその余の財産が見つかった場合は、
　　　　　　一郎に相続させる。

第四条　　　本遺言の執行者として下記の者を指定する。

東京都○○区○○丁目○番○号
東京太郎
昭和○年○月○日生

　令和○年○月○日
　　　　　遺言者　本郷太郎　印

【参考文献】

「経営手法からみた事業承継対策Q&A」、高野総合会計事務所（編著）、中央経済社

「新事業承継税制対応 中堅・中小企業の自社株対策」、コンフィアンサ税理士法人（編）、ぎょうせい

「税理士のための資産税の税務判断実務マニュアルQ&A」、笹岡宏保（著）、清文社

「徹底活用! Q&A小規模宅地特例のポイント」、高橋安志（著）、ぎょうせい

「相続税 小規模宅地等の特例 特定事業用資産の特例の税務」、近藤光夫（編）、一般財団法人大蔵財務協会

「相続税務・法務相談シート集 平成22年度版」、辻・本郷税理士法人（責任編集）、銀行研修社

「Q&A 国際相続の税務」、坂田純一・杉田宗久・矢内一好（著）、税務研究会出版局

「民法と相続税の接点 平成20年版」、宮原弘之（編）、一般大蔵財務協会

「口語民法」、高梨公之（監修）、自由国民社

「図解 民法（親族・相続）平成21年版」、田中千草 他（監修）、一般財団法人大蔵財務協会

「民法・税法による遺産分割の手続と相続税実務」、小池正明（著）、税務研究会出版局

「くらしの相談室 現場の成年後見Q&A」、田山輝明・長谷川泰造（編）、有斐閣

「Q&A 相続紛争の予防と解決に役立つ50の知識」、朝日中央綜合法律経済事務所グループ（著）、一般財団法人大蔵財務協会

「相続税実践アドバイス」、辻・本郷税理士法人（編）、税務経理協会

「令和2年版財産評価基本通達逐条解説」、宇野沢貴司（編）、一般財団法人大蔵財務協会

「速報版 税理士が押さえておきたい 民法相続編の改正」、岡野訓・濱田康宏・内藤忠大・白井一馬・村木慎吾・北詰健太郎（著）、清文社

裁判所ホームページ 裁判例情報及び裁判手続の案内

国税庁ホームページ

中小企業庁ホームページ 経営者のための事業承継マニュアル

法務省ホームページ 自筆証書遺言書保管制度

内閣府ホームページ あなたの最後の手紙を守ります〜自筆証書遺言書保管制度

「海外資産と相続税 五訂版」、東峰書房

「令和２年版財産評価基本通達逐条解説」、宇野沢貴司、一般財団法人大蔵財務協会

「自筆証書遺言の方式緩和と遺言書の保管制度の創設 遺留分減殺請求権の効力及び法的性質の見直し.

速報版 税理士が押さえておきたい民法相続編の改正」、岡野訓ほか著、清文社

法務省ホームページ 自筆証書遺言書保管制度

内閣府大臣官房政府広報室ホームページ あなたの最後の手紙を守ります〜自筆証書遺言書保管制度

財務省ホームページ 令和元年度 税制改正の解説

弁護士法人ALG大阪法律事務所ホームページ 療養介護型の寄与分とは

相続会議ホームページ 特別寄与料の相場はどのくらい？計算方法をパターン別に解説

弁護士法人サリュホームページ【５つのタイプ別】寄与分の計算方法

国税庁ホームページ 令和５年度相続税及び贈与税の税制改正のあらまし

国税庁ホームページ「配偶者居住権等の評価に関する質疑応答事例」について

「新相続税法と信託で解決する相続法務・税務Q&A」、税理士法人タクトコンサルティング・ほがらか信託株式会社共編、日本法令

「配偶者居住権と相続対策の実務 -配偶者保護の視点から-」、山本和義著、新日本法規出版

辻本郷税理士法人ホームページ 速報・令和５年度税制改正大綱

辻本郷税理士法人ホームページ 相続税の節税になる？配偶者居住権の知っておくべきポイントを解説

辻・本郷 税理士法人

平成14年4月設立。東京新宿に本部を置き、日本国内に80以上の拠点、海外7拠点を持つ、国内最大規模を誇る税理士法人。

税務コンサルティング、相続、事業承継、医療、M&A、企業再生、公益法人、移転価格、国際税務など各税務分野に専門特化したプロ集団。

弁護士、不動産鑑定士、司法書士との連携により顧客の立場に立ったワンストップサービスと、あらゆるニーズに応える総合力をもって多岐にわたる業務展開をしている。

https://www.ht-tax.or.jp/

〈監修〉
辻・本郷 税理士法人理事長
徳田 孝司

公認会計士・税理士。辻・本郷 税理士法人 理事長。

昭和55年、監査法人朝日会計社 (現 あずさ監査法人)に入社。昭和61年、本郷公認会計士事務所に入所。

平成14年4月、辻・本郷 税理士法人設立、副理事長に就任し、平成28年1月より現職。

著書に『スラスラと会社の数字が読める本』(共著、成美堂出版)、『いくぜ株式公開「IPO速解本」』(共著、エヌピー通信社)、『精選100節税相談シート集』(共著、銀行研修社)他多数。

〈編著〉

辻・本郷 税理士法人副理事長
木村 信夫

　昭和60年本郷公認会計士事務所（現 辻・本郷税理士法人）入所、昭和63年税理士登録、平成15年辻・本郷税理士法人理事に就任、平成20年中小企業庁事業承継協議会会員となる。現在、理事として相続部門、事業承継部門を統括する。そのほか、専門家向けセミナー、一般顧客向けセミナーも多数行っている。明快かつ、わかり易い実践的な講義には定評がある。主な著書に、『Q&Aオーナーのための自社株特例の活用策』（共著 清文社）、『Q&A新しい延納・物納実務のポイント』（共著 新日本法規）、『事業承継税制のニュートレンド』（編著税務経理協会）、『医療費控除が上手にできる人できない人』（東峰書房）などがある。

〈執筆協力者〉

宮村百合子	泉谷ひとみ	両瀬逸美
武藤泰豊	今野和哉	馬場寛生
松浦真義	横田美保	鈴木尊
山口拓也	真境名元樹	本橋瞳
二ノ宮伸幸	鈴木敬	井上真吾
川邊知明	上田真弘	石井留奈
香田涼	堀田勇壮	小林奈央
池上千祥	三島康利	小林禧継

〈2訂版〉

金融マン必携!
相続税実践アドバイス

2011年8月31日　　初版第1刷発行
2024年1月31日　　2訂版第1刷発行

監　修　　　徳田孝司
編　著　　　木村信夫
発行者　　　鏡渕　敬
発行所　　　株式会社 東峰書房
　　　　　　〒160-0022 東京都新宿区新宿4-3-15
　　　　　　電話　03-3261-3136　FAX　03-6682-5979
　　　　　　http://tohoshobo.info/

装幀・デザイン　　小谷中一愛
印刷・製本　　　　㈱シナノパブリッシングプレス
ISBN978-4-88592-224-4 C0034